매일 먹는
우리 아이 밥상

초보 엄마도 쉽게 만드는 아이 요리 레시피 119

이미경 글과 요리

상상출판

· About 매일 먹는 우리 아이 밥상 ·

편식 없이 잘 먹는 아이로 키우는
아이 요리 책!

《매일 먹는 우리 아이 밥상》은?

《매일 먹는 우리 아이 밥상》은
아침은 대강 먹이고 점심은 급식으로 때우고
학원 돌며 집 밖 간식으로 허기를 채우는 우리 아이들을 위해
시간이 될 때마다 엄마표 음식과 수제 간식을 먹이겠다고 다짐한
똑순이 엄마들을 위한 맞춤 레시피북입니다.

밥 해먹고 남은 재료와 아이들이 좋아하는 재료,
엄마들이 먹이고 싶은 재료를 다양한 조리법으로
후다닥 만들 수 있는 건강 간식과
아이들 생일상, 소풍 도시락, 주말에 아이들과 함께 만드는 캐릭터 도시락 등으로
아이는 맛있어서 신나고, 엄마는 잘 먹어서 행복한 유아 요리 레시피를 공개합니다!

쿠킹 스튜디오 꿀밥은?

김이 모락모락 나는 따끈한 밥 한 공기로 마음이 넉넉해지는 밥상,
살짝 허기가 져 잠이 깬 아침에 갓 지은 솥밥이 차려진 밥상,
밥투정하는 아이가 밥 달라고 아우성치게 만드는 엄마표 마술 밥상.
낯선 곳에서 우연히 만난 한 그릇의 소박한 음식이 선물해준 위로와 감동에
열광하는 사람들의 맛있는 이야기로 가득한 구어메이 커뮤니티입니다.

다양한 입맛과 스타일을 지닌 요리연구가, 셰프, 여행가, 바리스타, 소믈리에,
사진가, 목장 주인, 한의사, 북 디자이너, 주부 등 미식가이며 식탐가인
그들이 쿠킹 스튜디오 꿀밥을 통해 맛깔스럽게 잔칫상을 차려냅니다.
《매일 먹는 우리 아이 밥상》은 급식은 어린이집이나 유치원, 학교에 맡겼지만
집밥과 간식만큼은 직접 만들어 먹이고픈 엄마들을 위한 실용적인 요리책입니다.

· 매일 먹는 우리 아이 밥상 가이드 ·

이 책의 레시피 보는 법

❶ 밥숟가락과 종이컵 계량법으로 계량하였습니다.
▶ 10쪽 참조

❷ 대체 식재료를 표기하여 반드시 그 재료가 없어도 집에 있는 다른 재료를 활용할 수 있어 요리의 폭이 넓어집니다.

❺ 요리연구가가 터득한 노하우를 쿠킹 팁을 통해 공개합니다.

❸ 이 책에는 아이들의 건강한 성장을 돕는 식재료에 대한 자세한 설명도 함께 소개합니다.

❹ 요리를 만들면서 따라 하기 쉽도록 양념의 분량을 과정에서 다시 한 번 소개하였습니다.

❻ 책을 보면서 따라 하기 쉽도록 각각의 재료를 세로로 나열하였습니다.

❼ 4개에서 6개를 넘지 않는 조리 과정으로 구성하였으며, 친절한 과정 사진이 모든 요리에 누구나 쉽게 따라 할 수 있습니다.

Contents

About 매일 먹는 우리 아이 밥상 편식 없이 잘 먹는 아이로 키우는 아이 요리 책! • 002
매일 먹는 우리 아이 밥상 가이드 이 책의 레시피 보는 법 • 003

일하는 엄마의 Cooking Note

이 책의 계량법, 밥숟가락&종이컵 계량법 • 010
한눈에 보이는 계량법 • 011

엄마의 요리 노트

Ⅰ 우리 아이 지키는 엄마의 요리 • 012
Ⅱ 아이 요리에 사용한 기본양념 • 014
Ⅲ 아이 요리에 꼭 필요한 10대 식재료 • 016
Ⅳ 여진 엄마의 안심 먹을거리 • 018
Ⅴ 철 있는 식재료 달력 • 020
Ⅵ 냉장·냉동 식품의 보존 기간 • 022

PART 1
무럭무럭 쑥쑥 영양 만점 한 끼 요리&반찬 65

구운 감자와 허브 갈릭 치킨 · 026
탄두리 치킨 · 028
깐풍기 · 030
아이용 라조기 · 031
두부 햄 커틀릿 · 032
치킨 트위스터 · 034
닭 마늘조림 · 036
두부 강정 · 038
Another Recipe 두부 샐러드 · 039
떡을 넣은 꼬치 미트로프 · 040
바비큐 폭찹 · 042
구운 닭가슴살을 넣은 서머 롤 · 044
닭날개 파스타 카레조림 · 046
간장 떡볶이 · 048
떡꼬치 · 049
채소 풋고추튀김 · 050
더덕 찹쌀가루튀김 · 052
오징어링튀김 · 054
양파링튀김 · 056
식빵에 굴린 새우살튀김 · 057
치즈 감자구이 · 058
고구마구이 · 060
두부 찹쌀구이 · 062
참마 호두구이 · 064
삼겹살 미니 꼬치구이 · 066
오렌지맛 치킨구이 · 068
흰살 생선구이 · 070
Another Recipe 흰살 생선 카레전 · 071
견과류 누룽지 · 072
고구마 크로켓 · 074

꼬투리 김밥 · 076
참치 깻잎 김밥 · 077
취나물 김밥 · 078
모둠 버섯쌈 · 080
콩가루말이 밥 · 082
토마토 볶음밥 · 084
잣 베이컨 볶음밥 · 086
쇠고기 브로콜리 볶음밥 · 088
카레 주먹밥 · 090
팟타이 · 092
쟁반 짜장 · 094
시원한 소면 · 096
단호박 수제비 · 098
Another Recipe 단호박 우유 · 099
고구마 기장죽 · 100
떡산적 · 102
단호박전 · 103
쑥전 · 104
감자전 · 106
참치 두부부침 · 108
떡 버섯찜 · 110
Another Recipe 크림소스 떡볶이 · 111
콩나물 채소만두 · 112
스마일 라이스 오믈렛 · 114
시금치 두부 오믈렛 · 116
파스타 그라탱 · 118
오징어 밥 피자 · 120
떡 피자 · 122
두부 피자 · 124
불고기 피자 · 125
닭가슴살 크랜베리 샌드위치 · 126
참치버거 샌드위치 · 127
방울토마토잼 샌드위치 · 128
식빵 롤 샌드위치 · 130
오븐구이 한입 돈가스 · 131

PART 2
간단하지만 특별한 아이 간식 37

과일 퐁듀 · 134
대추 드레싱과 과일 샐러드 · 136
군만두 샐러드 · 138
피자 위 샐러드 · 140
케이준 치킨 샐러드 · 142
대추 약식 · 143
엄마가 만든 육포 · 144
과일 춘권튀김 · 146
김치맛 붕어빵 · 148
땅콩 캐러멜 · 150
큐브 쿠키 · 152
손가락 쿠키 · 154
초코 크랙 쿠키 · 156
베이비 슈 · 158
Another Recipe 샐러드 슈 · 159
요구르트 스콘 · 160
코코넛 샤브레 · 162
찰떡 와플 · 164
상투과자 · 165

토마토 양갱 · 166
엄마표 치즈 · 167
Another Recipe 파인애플 치즈 딥 · 167
딸기 타르트 · 168
Another Recipe 컵과일과 과일 꼬치 · 169
브레드 푸딩 · 170
콘플레이크 초코 스틱 · 172
바나나 프렌치 토스트 · 174
밤 두유 · 176
딸기 프로즌 요구르트 · 177
단호박 식혜 · 178
고구마 바나나 드링크 · 179
파프리카 라씨 · 180
오렌지 슬러시 · 181
도련님 우유 빙수 · 182
석류 흑초 빙수 · 183
녹여 먹는 핫초코 · 184
초콜릿 아이스크림 · 185

PART 3
특별한 날 힘주기 딱!
엄마의 스페셜 요리 17

캐릭터 도시락
반짝반짝 노란 별 • 188
당근 리본 야옹이 • 190
빨간 코 주먹밥맨 • 192

소풍 도시락
나물밥 크로켓 도시락 • 194
달걀 오믈렛과 버섯불고기 도시락 • 196
오징어 꼬치구이 도시락 • 198
붕어 모양밥과 닭고기 채소조림 도시락 • 200

생일 파티 요리
귀여운 야옹이 케이크 • 202
차가운 고구마 케이크 • 204
양파 파운드케이크 • 206
모양 컵케이크 • 208
축구공 주먹밥 • 210
꽃 김밥 • 211
참치 감자볼꼬치 • 212
치즈 스틱 • 213
두부 아이스크림 • 214
친구들 선물용 곰돌이 쿠키 • 215

Index
가나다순 • 216
요리 시간순 • 217
조리법순 • 218

일하는 엄마의
Cooking Note

세상에서 가장 맛있는 요리는 엄마가 만들어준 요리입니다.
세상에서 가장 건강한 간식은 엄마가 직접 만들어준 간식입니다.
일하는 틈틈이 아이를 위한 특별한 요리를 직접 만들어 먹이는
슈퍼우먼 같은 엄마의 비밀 노트를 공개합니다.

· 이 책의 계량법 ·

밥숟가락&종이컵 계량법

가루 재료 계량하기
소금, 설탕, 고춧가루, 후춧가루, 통깨…

 1은 밥숟가락으로 수북하게 떠서 위를 편평하게 깎은 양

 0.5는 밥숟가락 절반 정도의 양

 0.3은 밥숟가락 1/3 정도 담은 양

액체 재료 계량하기
간장, 식초, 맛술…

 1은 밥숟가락을 가득 채운 양

 0.5는 밥숟가락 절반 정도의 양

 0.3은 밥숟가락 1/3 정도 담은 양

장류 계량하기
고추장, 된장…

 1은 밥숟가락으로 수북하게 떠서 위를 편평하게 깎은 양

 0.5는 밥숟가락 절반 정도의 양

 0.3은 밥숟가락 1/3 정도 담은 양

종이컵으로 액체 재료 계량하기

 1컵은 종이컵에 가득 담은 양으로 200㎖에 조금 부족한 양

 1/2컵은 종이컵의 중간 지점에서 살짝 올라오도록 담은 양

기억해두세요!
다진 마늘 1쪽 = 0.5밥숟가락   다진 파 1/4대 = 2밥숟가락
다진 양파 1/4개 = 4밥숟가락   1.5는 한 숟가락 + 반 숟가락.
약간은 엄지와 검지로 소금이나 후춧가루를 집을 수 있는 정도의 소량. 약간이라 표기되어 있어도 입맛에 맞게 간을 조절하세요.

· 이 책의 계량법 ·

한눈에 보이는 계량법

주요 식재료 100g 어림치
주요 식재료의 100g을 눈대중 계량법으로 익혀두면 재료를 하나하나 계량하지 않아도 되어 요리할 때 편리해요. 요리에 자주 사용하는 재료의 100g 어림치를 소개합니다.

양파
작은 것 3/4개

무
지름 9cm,
길이 3cm 반원형 1쪽

두부
6×5×3cm

감자
작은 것 1개

오이
작은 것 1/2개

양송이버섯
6개

애호박
1/3개

단호박
1/4개

토마토
큰 것 1/2개

닭 가슴살
1조각

당근
중간 것 1/2개

브로콜리
작은 것 7송이

*달걀
1개의 무게는 40~70g 정도로 이 책에서는 달걀을 개수로 표기합니다.

· 엄마의 요리 노트 Ⅰ ·

우리 아이 지키는 엄마 요리

과자, 패스트푸드, 탄산음료, 초콜릿…. 성장기 아이들은 잘 먹어야 합니다.
그런데 어린이 입맛이라는 표현이 있듯 아이들이 좋아하는 음식들은 어른들이 보기에는
너무나 위험한 것들이 많아요. 아이에게도 입맛과 좋아하는 식생활이 있는데,
몸에 좋지 않아도 못 먹게 할 수도 없는 노릇이죠.
그래도 아이에게 먹이는 음식의 원칙은 정해두어야 해요.

일하는 엄마, 여진맘의 아이 요리 원칙

❶ 하루 세끼를 정해진 시간에 먹게 하고 두세 번의 간식을 먹인다
균형 잡힌 영양의 세끼 밥은 아이의 성장을 돕는 기본. 주식을 잘 챙겨 먹이고, 간식에서는 주식에서 부족한 영양소를 중심으로 챙겨 먹인다.

❷ 아침을 거르지 않고 먹인다
아침잠이 많다거나 일하는 엄마라 출근 시간이 빠듯하다고 해서 아이의 아침을 굶기지 않는다. 아침을 먹어야 두뇌 활동이 활발해져 학습 의욕이 향상된다.

❸ 간식은 가능한 한 직접 만들어 먹인다
아이들이 좋아하는 인스턴트식품이나 과자, 탄산음료로부터 아이의 건강을 지킬 수 있는 길은 직접 만들어 먹이는 것. 아이들이 좋아하고 자주 찾는다고 육류 위주나 튀김 요리, 분식 위주의 간식 편식도 금물이다.

❹ 아무거나 먹이지 말고 도움이 되는 음식을 골라 먹인다
단백질, 칼슘, 비타민과 무기질, 당분, 지방 5대 영양소를 골고루 섭취할 수 있는 메뉴를 짜서 세끼와 간식 때 적절히 섭취할 수 있게 한다.

❺ 성장기 아이에게 꼭 필요한 칼슘을 고려하여 식단을 짠다
뼈와 골격 성장을 돕는 칼슘이 부족하지 않도록 챙긴다.

❻ 키는 키우고 몸무게는 줄이는 조리법으로 간식을 만든다
먹을거리가 풍부한 시대를 사는 요즘 아이들은 소아 비만에 노출될 위험이 높다. 자칫하면 성인병을 부르는 소아 비만이 되지 않도록 엄마의 식단 관리가 필요하다.

❼ 외식의 횟수를 줄인다
외식을 하면 과식을 하거나 조미료, 가공식품 등에 노출될 위험이 높으니 가급적 외식을 줄이고 집밥을 먹인다.

❽ 탄산음료를 대신할 건강 음료를 준비한다
카페인이 든 탄산음료 대신 우유나 요구르트 등의 유제품이나 두유, 직접 만든 신선한 과일과 채소 주스를 먹인다.

Q&A 우리 아이 어떻게 해야 할까요?

엄마가 공들여 음식을 만들어 준다고 고분고분 받아먹는 아이들만 있는 것은 아니지요. 밥은 본체만체하고 간식만 찾거나 간식조차 입에 안 대는 그런 아이들을 둔 엄마들을 위한 Q&A입니다.

Q. 밥은 본체만체하고 인스턴트 간식과 과자만 찾아요.

A. 먼저 집에서 인스턴트 간식과 과자를 치우세요. 그다음 아이가 좋아하는 식재료를 다양한 조리법으로 만들어 음식에 대한 흥미를 유발하여 밥을 먹게 하세요. 밥도 안 먹었는데 안쓰럽다며 아이가 좋아하는 인스턴트 간식과 과자를 준다면 아이의 식생활은 바로잡기 힘들어져요. 일정한 식사 시간에 정해진 시간 안에 음식을 먹도록 훈련시키는 것이 중요해요. 처음에 바로잡기는 힘들지만 엄마가 세운 원칙을 아이가 따라올 수 있도록 배려하세요. 다만 아이에게 강제로 밥을 먹이면 거부감이 생길 수 있으니 주의하세요. 아이도 컨디션에 따라 평소보다 밥을 더 먹고, 덜 먹을 수도 있거든요.

Q. 아이에게 카페인이 든 음료는 왜 나쁜가요?

A. 카페인은 아이들이 즐겨 마시는 탄산음료인 콜라나 초콜릿, 커피맛 음료, 녹차 아이스크림 등에도 포함되어 있어요. 아이들의 카페인 섭취가 문제가 되는 이유는 다른 음식에 함유된 칼슘과 철분 흡수를 방해하기 때문이에요. 카페인에 민감한 아이들이 카페인을 섭취할 경우에는 불안이나 두통, 신경과민 등의 부작용이 나타날 수 있고 과다 섭취할 경우에는 집중력을 떨어뜨릴 수도 있다고 합니다.

Q. 아이가 채소는 보기만 해도 질색해요. 채소를 어떻게 먹어야 할까요?

A. 엄마의 작전이 필요한 순간이에요. 채소를 잘게 다져 주먹밥이나 김밥, 볶음밥, 유부초밥 등을 만들어 먹이세요. 또 간장으로 간을 한 맵지 않은 채소 과일 비빔국수 같은 별식도 좋아요. 채소와 과일을 섞은 주스를 갈아줘도 좋고요. 아이들과 함께 요리를 만들어보는 것도 좋은데, 아이들이 채소를 직접 만져보다 보면 친숙해지거든요. 직접 요리를 하게 되면 아이들은 어떤 맛일지 궁금해지면서 채소를 먹기 시작합니다.

Q. 우리 애는 고기를 잘 먹지 않으려고 해요.

A. 아이들은 고기의 질긴 맛을 싫어하는 편이에요. 고기는 질기거나 기름이 많은 부위를 잘 제거해서 살코기로 준비해 요리하거나 곱게 다져서 먹기 좋게 만들어보세요. 불고기는 되도록 얇게 썰어 양념해서 볶으면 부드럽게 먹을 수 있고 파인애플이나 사과, 키위 등으로 재우면 육질이 부드러워져요. 돼지고기는 안심이나 등심 등 기름이 적은 부위로 튀기거나 장조림을 만들어주세요. 곱게 다진 쇠고기는 채소와 섞어서 앙증맞은 크기의 미트볼을 만들어 조리거나 구워도 좋아요. 닭고기는 안심이나 가슴살을 삶거나 구워서 얇게 찢어서 요리하세요.

Q. 왜 밥을 먹지 않으려 하는 걸까요?

A. 아이들도 어른들처럼 밥에 대한 취향이 있어요. 차진 밥을 좋아하는 아이도 있고 찰기가 없는 밥을 좋아하는 아이도 있어요. 일단 아이들이 어떤 밥을 좋아하는지부터 파악하세요. 현미밥이나 잡곡밥은 건강에 좋지만 아이들은 어른보다 소화력이 떨어지므로 아주 조금씩 섞어 먹이세요. 다양한 조리법으로 밥에 흥미를 유발하는 것도 좋은 방법이에요. 밥에 양념하여 한입에 먹기 좋은 작은 주먹밥이나 김밥을 만들어 주거나 아이들이 좋아하는 달걀이나 고기에 밥을 넣어 만드세요.

Q 우리 아이는 너무 많이 먹어서 걱정이에요. 어린이집에 다니면서 식탐도 생겼고, 소아 비만이 될까봐 불안해요.

A. 식사 때와 간식 시간을 정하고 그 시간을 지키세요. 또 아이용 그릇에 먹을 만큼씩 담아서 아이를 위한 상을 차려주는 게 중요해요. 식탐이 있는 아이들은 대부분 급하게 먹는 습관이 있는데 아이에게 꼭꼭 씹어서 천천히 먹는 습관을 길러주세요. 천천히 먹게 되면 포만감이 생겨서 적게 먹는답니다.

Tip. 어린이를 위한 하루 영양 섭취 기준

남		여	
6~8세	9~11세	9~11세	9~11세
1,700kcal	2,100kcal	1,500kcal	1,800kcal

자료 · 식품의약품안전처 한국인 영양섭취기준

· 엄마의 요리 노트 II ·

아이 요리에 사용한 기본양념

아이 요리는 그리 어렵지 않아요. 제철 식재료와 아이들이 좋아하는 식재료,
엄마가 좋아하는 식재료를 기본양념에 직접 만들어주는 것이야말로 건강 영양식이니까요.
아이 요리에 꼭 갖추어야 할 기본양념을 소개합니다.

깊은 맛의 기본, 장류

간장 종류나 명칭이 다양하여 요리 초보를 힘들게 하는 간장. 조선간장, 국간장, 청장, 집간장은 집에서 만든 간장을 부르는 명칭이다. 집간장은 맑고 짠맛이 강한 편이라 주로 국이나 찌개 양념에 사용한다. 시판 간장으로는 국간장, 양조간장, 진간장, 조림간장, 향신간장 등이 있다. 양조간장과 진간장은 진하면서 단맛과 감칠맛도 나 조림, 볶음, 구이 등에 다양하게 이용된다. 특히 양조간장은 진간장에 비해 맛이 담백하고 가벼워 조림, 볶음 등에 주로 쓰고 겉절이나 드레싱을 만들 때도 즐겨 쓴다. 진한 맛을 원할 때에는 진간장을 사용하면 된다.

된장 전통 방식의 한식 메주된장과 개량식 메주된장으로 만들어 구수함과 부드러운 맛이 잘 어우러져 깊은 맛이 나는 제품을 주로 사용하고 있다. 된장찌개, 매운탕에도 잘 어울리고 나물 요리에 넣으면 깊은 맛이 난다. 또 집에서 직접 담가 먹기도 하는데, 집된장은 약간 탁한 맛과 짠맛이 강해 시판 된장과 섞어서 사용하기도 한다.

고추장 고추장 본연의 맛깔스러운 빛깔과 맛있게 매운맛을 느낄 수 있는 우리 쌀로 만든 태양초 고추장을 즐겨 쓴다. 재래식 고추장의 빛깔을 띠면서도 고추장의 달고 텁텁한 맛이 없는 게 특징. 매운맛의 정도에 따라 순한 맛, 덜 매운맛, 보통 매운맛, 매운맛, 매우 매운맛 5가지 맛으로 나뉘어 있어 선택의 폭이 다양한데 아이 요리에는 순한 맛을 쓴다.

맛의 기본, 소금과 설탕

천일염 소금은 김치를 절일 때 사용하는 호염(천일염), 일반적인 굵기의 꽃소금, 맛을 가미한 맛소금, 그 외에 다양한 기능을 첨가한 기능성 소금 등이 있는데 다양한 요리에 가장 편하게 사용할 수 있는 소금은 천일염 중 요리용으로 만든 중간 입자를 사용한다. 천일염 특유의 깔끔하고 자연스러운 맛이 음식의 풍미를 살려준다.

흰 설탕 요리의 색에 따라 흰 설탕과 황설탕, 흑설탕을 가려 쓰는 지혜도 필요하다. 사탕수수에서 추출한 원당을 정제하여 만든 흰 설탕은 설탕의 제조 과정에 가장 먼저 만들어지는 순도가 높은 깨끗한 설탕이다. 약밥이나 수정과 등의 색깔 있는 요리가 아니라면 흰 설탕은 대부분의 요리에 두루두루 쓸 수 있다.

기본 양념

 고춧가루 가을 햇볕에 직접 말린 태양초를 이용하면 빛깔도 좋고 매운맛도 잘 살지만 직접 말린 고춧가루가 없을 때에는 구입하여 사용하고 있다. 경북 영양 고추를 100% 사용해 만든 고춧가루를 즐겨 쓰는데 빛깔이 곱고 매운맛이 적당하며 양념용과 김치용 2가지가 있어 용도에 따라 나눠 사용할 수 있다. 고춧가루는 더운 여름철에는 냉장고에 보관해야 고운 빛깔과 맛을 잃지 않는다.

 **식초** 곡물식초, 과일식초 등이 있는데, 깔끔하고 상큼한 맛이 나 여러 가지 요리에 다양하게 넣을 수 있는 사과식초를 즐겨 쓴다. 신맛이 강하고 물이 생기지 않게 요리하는 무침류에는 2배식초, 3배식초 등을 이용하면 좋다.

 **참기름** 참깨를 구입해 방앗간에서 직접 짠 참기름과 시판 참기름을 함께 쓰고 있다. 시판 참기름은 100% 참깨만을 사용해 은근한 온도에서 오랫동안 볶아 고소한 맛이 진한 제품을 즐겨 쓴다.

 **요리당** 흐름성이 좋아 사용이 편리하고 요리할 때 잘 타지 않고 윤기가 돌며 식어도 잘 굳지 않는 요리당. 볶음용, 조림용 외에 고기를 재울 때나 생선 요리에도 활용한다.

 **토마토케첩** 토마토케첩은 아이들이 좋아하는 양념으로 아이가 매운맛을 싫어하거나 잘 못 먹는다면 고추장 요리에 토마토케첩을 섞어 사용하면 좋다.

 **산들애 멸치 다시다** 아이가 멸치의 비린 맛을 싫어할 때 이용하기 좋은 양념. 국물 요리를 만들 때 육수 낼 시간이 없거나 볶음밥이나 조림 요리에 간편하게 사용할 수 있다.

 **산들애 국내산 한우** 쇠고기와 무, 양파, 표고버섯으로 만든 맛내기 양념으로 국이나 탕 요리에 넣는다. 따로 육수를 내지 않아도 되어 간편하다.

 **마늘가루&생강가루** 아이들은 매운맛을 좋아하지 않지만 육류 요리를 할 때에는 마늘가루나 생강가루를 살짝 뿌려서 구우면 좋다. 또 무침이나 볶음에도 조금씩 사용하면 더 맛있다.

 **흑초** 음료로도 마시지만 육류 요리나 조림에 사용하면 육류를 부드럽게 하고 단맛도 난다.

소스류

 **멸치 한스푼** 따로 육수를 내지 않아도 멸치 육수 대용품으로 국이나 무침 요리의 간을 맞추는 과정을 한 번에 해결할 수 있는 소스.

 **참치 한스푼** 순살 참치액에 버섯, 양파, 마늘, 생강 등의 재료로 맛을 낸 소스. 참치 특유의 맛은 나지 않으며 국물 요리나 무침, 볶음 요리에 한두 순가락 넣으면 감칠맛이 난다. 액상 타입이라 나물 요리에도 쉽게 사용할 수 있다.

 **굴소스** 굴 추출물로 만든 굴소스는 중국 요리뿐만 아니라 한식에도 잘 어울린다. 볶음, 조림, 구이, 덮밥 요리 등에 활용할 수 있다.

· 엄마의 요리 노트 Ⅲ ·

아이 요리에 꼭 필요한 10대 식재료

장바구니에 어떤 재료를 담으세요? 유기농 채소, 한우?
성장기 아이들에게는 꼭 필요한 영양을 공급하는 주요 식재료가 있어요.
아이들의 성장과 두뇌 발달을 돕는 아이를 위한 10대 식재료를 소개합니다.

1. 쇠고기

양질의 필수아미노산과 철분 등을 함유한 쇠고기는 성장기 아이에게 꼭 필요한 필수 식재료. 성장기 어린이는 하루에 2~3g의 단백질이 필요한데, 쇠고기에는 15~20%의 단백질이 함유되어 있다.

활용법
- 등심, 안심, 양지(차돌박이), 채끝, 갈비, 우둔 : 구이나 산적
- 등심, 목심, 채끝, 우둔 : 불고기
- 목심, 양지 : 국거리
- 안심, 갈비, 사태 : 찜

고르는 법 밝은 선홍색을 띠며 지방색은 우윳빛으로 유백색을 띠고 있으며 윤기가 도는 것일수록 신선하다. 고깃결은 섬세하면서도 탄력이 있고 지방은 고르게 분포되어 있는 게 부드럽고 맛이 좋다.

보관법 한 번에 필요한 부위를 골라 먹을 만큼만 구입한다. 구입 후 고기를 냉동 보관할 경우 얼음 결정체가 생겨 식육세포가 파괴되고 해동할 때 과도한 육즙 손실로 인해 육질이 떨어지므로 가급적 진공 포장해 0~4℃에서 10~14일 정도 냉장 보관하면 자연 숙성돼 고기가 부드럽고 맛도 좋아지는데 김치냉장고에 보관하면 좋다.

2. 닭고기

단백질이 풍부하다. 또 따뜻한 성질을 지녀 위와 장을 보호하지만 비타민과 무기질이 부족하기 때문에 가급적 채소와 함께 섭취한다.

활용법
- 다리살 : 튀김, 꼬치, 양념구이, 찜
- 가슴살&안심 : 튀김, 구이, 조림, 샐러드, 스테이크
- 날개 : 튀김, 구이, 조림, 국, 전골, 수프

고르는 법 살은 밝은 분홍빛이 돌며 만져보았을 때 두툼하고 푹신한 감촉이 들고 단단하고 윤기가 있는 것을 고른다. 투명하고 광택이 있는 크림색의 껍질에는 주름이 많고 오톨도톨 모공이 솟아 있으며 눌러봤을 때 살에 탄력이 있고 수분기가 느껴지는 것이 신선하다.

보관법 구입해서 밀폐용기에 담아 바로 냉장 보관하는 것이 가장 좋지만 바로 조리하지 않으려면 고기 표면에 식용유를 살짝 바르고 랩을 씌워두면 수분 증발은 물론 외부 공기와의 접촉을 효과적으로 막아 3~4일 정도는 신선하게 보관할 수 있다.

3. 견과류

풍부한 불포화지방산은 뇌신경 세포를 성장시키고 비타민 E는 두뇌활동을 활발하게 하는 두뇌에 좋은 재료이다.

활용법
- 마른 팬에 볶거나 오븐에 구워 하루에 1줌씩 간식 삼아 먹는다.
- 샐러드나 강정, 베이킹 등에 넣는다.
- 육류 요리를 만들 때 곱게 다져서 양념에 넣거나 통깨처럼 뿌려 먹는다.

고르는 법 땅콩은 껍데기가 잘 부서지지 않고 껍데기 안쪽이 흰색을 띤 것이 좋다. 호두는 표면이 올록볼록한 것일수록 맛있고 딱딱한 겉껍데기가 연한 황색으로 깨물었을 때 속이 꽉 차 있고 속껍질이 얇은 것이 좋다. 잣은 흰색 가루가 묻어 있거나 색깔이 갈색으로 변한 것은 시간이 꽤 지난 것이므로 구입하지 않는다.

보관법 먹을 만큼 구입하여 냉장이나 냉동 보관하고 팩으로 포장해 공기의 접촉을 차단하는 것이 좋다.

4. 멸치

바다에서 온 칼슘의 왕. 단백질과 칼슘이 풍부하며 골격과 치아 형성, 세포 조직을 구성하는 역할을 하는 무기질 성분을 함유하고 있다.

활용법
- 굵은 멸치 : 내장과 머리를 떼어내야 비린 맛을 줄일 수 있다. 국물을 낸 멸치는 물기를 빼서 햇볕에서 잘 말려 양념에 무쳐 먹거나 기름에 바삭바삭 튀기거나 햇볕에 바싹 말려 믹서나 강판에 갈아 덮밥이나 비빔밥 위에 뿌려 먹는다.
- 잔멸치 : 주로 볶아 먹는다. 체에 받쳐서 흔들어 먼지를 털어낸 다음 면포로 잘 닦는다. 볶을 때는 마늘과 청주를 넣어야 더욱 맛있고 오래 두고 먹을 수 있다.
- 중간 멸치 : 머리와 내장을 빼고 반 갈라 뼈를 발라낸 다음 젖은 면포에 잘 닦아서 팬에 볶아야 시간이 지나도 딱딱해지지 않으며 윤기가 오래간다.

고르는 법 머리가 떨어졌거나 배가 터져 내장이 밖으로 나왔거나 많이 부서진 것은 신선도가 낮은 멸치를 가공한 것이거나 지나치게 마른 것이므로 구입하지 않는다. 또한 축축하거나 겉면에 누렇게 기름이 배고 허옇게 염분이 핀 것도 신선도가 떨어지는 것이다. 맛을 봤을 때 짠맛이 강하지 않고 고소한 맛이 나야 한다. 색은 잔멸치는 흰색이나 파란색이 살짝 도는 투명한 것이 좋고 중간 멸치와 큰 멸치는 은빛이 나고 맑은 기운이 도는 것이 상품이다. 특히 은빛이 나는 멸치로 국물을 내면 맛이 담백하고 구수하다.

보관법 꼭 손질하여 밀폐용기에 담아 냉동 보관해야 변질되지 않고 멸치 고유의 맛을 유지할 수 있다.

5. 시금치

시금치는 칼슘과 철분, 요오드 등이 풍부하여 성장기 어린이와 임산부에게 권장하는 대표적인 알칼리성 식품이다.

활용법
- 살짝 데쳐서 기름에 무쳐 먹는다. 데치는 과정에서 수산이 제거되고 기름에 무치면 베타카로틴이나 비타민 K 등 지용성 성분의 흡수를 도울 수 있기 때문이다. 아이에게 먹일 요량이라면 시금치만 무치지 말고 두부를 으깨거나 땅콩 등의 견과류를 다져 마요네즈 소스에 무친다.

고르는 법 잎이 선명한 녹색을 띠고 뿌리부터 빽빽하게 나 있는 것이 좋다. 줄기가 부드러운 것을 고르고 뿌리 부분이 짧고 붉은색을 띠는 것이 싱싱하다. 국거리로 사용할 때는 잎이 넓고 줄기가 긴 것이 좋고 나물로 무쳐 먹을 때는 길이가 짧고 뿌리 부분이 붉은 것이 달고 고소하다.

보관법 신문지나 키친타월에 싸서 분무기로 물을 뿌려 냉장고 채소칸에 뿌리 쪽이 아래로 가도록 세워 보관하면 2~3일은 더 보관할 수 있다. 그 이상 보관할 때에는 데쳐서 물기를 꼭 짜서 비닐팩에 담아 냉장 보관한다.

6. 된장

우수한 단백질과 철분, 인, 칼슘 등 무기질 등을 풍부하게 함유한 건강 식재료. 콩보다 소화가 잘되는 항암 식품으로도 알려져 있다.

활용법
- 된장이 너무 오래되어 수분이 말라 빽빽하다면 물을 섞지 말고 감자를 갈아 그 즙을 섞으면 좋다. 감자의 수분과 전분 성분이 더해져 부드러운 된장맛을 즐길 수 있다.
- 요즘은 시판 된장을 많이 사용하는데 단맛이 강할 경우에는 고춧가루를 더해 칼칼한 맛을 더한다. 단맛이 조금 누그러지면서 느끼한 맛도 없어진다.
- 색이 조금 진하지만 단맛이 약한 집된장과 색이 곱고 단맛이 진한 시판 된장을 1:1 비율로 섞으면 맛이 한결 좋아진다.

고르는 법 된장은 요리법에 따라 구입하거나 만들어 사용한다. 진한 맛을 내는 된장찌개에는 집된장으로, 싱겁게 먹어야 하는 된장국이나 무침 등에는 시판 된장을 사용한다.

보관법 된장을 푸고 나서는 반드시 숟가락으로 꾹꾹 눌러 공기와의 접촉을 최대한 줄여야 갈변 현상을 막는다. 또한 보관 기간을 늘리고 싶다면 조그만 통에 먹을 분량을 조금씩 나누어 담아 냉장 보관한다. 곰팡이나 맛이 변하는 것을 방지하려면 김을 여러 장 겹쳐 된장 위에 덮어놓는다. 만약 곰팡이가 피었다면 숟가락을 깨끗하게 소독해 곰팡이를 걷어낸 후 식초를 숟가락 뒤에 발라 된장을 눌러주고 햇볕을 보여주면 곰팡이가 없어진다.

7. 우유 및 유제품

필수영양소와 뼈의 성장과 건강을 책임지는 칼슘 함유량이 높은 우유와 요구르트, 치즈 등은 성장기 종합영양제. 특히 우유에는 칼슘 흡수를 촉진하는 유당이 함유되어 있다.

활용법
- 수프나 카레 등을 끓일 때 넣는다.
- 그대로 마시기도 하지만 딸기나 바나나 등의 과일을 넣어 갈아주면 천연 맛의 과일우유가 된다. 시판되는 과일우유 등은 가공유로 향이나 색깔을 첨가하거나 원유가 아닌 분유 등으로 만든다는 점을 기억할 것.

고르는 법 적정 냉장 온도로 보관되어 있는지와 유통기한을 반드시 확인한다.

보관법 개봉한 우유를 냉장고에 보관할 때에는 입구를 완전히 막아 다른 음식물 냄새가 스며들지 않도록 한다.

8. 달걀

양질의 단백질과 비타민, 철분 등을 함유한 영양 식재료. 단 비타민 C를 거의 함유하고 있지 않으며 인의 함량이 지나치게 많은 산성식품이므로 채소와 함께 먹는 게 좋다.

활용법
- 달걀은 끓는 물에 13분 정도 삶으면 완숙이 되고 8~10분 정도 삶으면 반숙이 된다. 삶은 후에 찬물에 빨리 식혀야 껍질도 잘 벗겨지고 노른자가 녹변화되지 않는다.
- 달걀 프라이는 센 불에서 너무 오래 익히면 뻣뻣해서 맛이 없으니 중간 불에서 부드럽게 익힌다.

고르는 법 파손이 없고 깨끗하며 타원형인 것을 선택한다. 흔들어봤을 때 소리가 나거나 안쪽이 흔들리는 것은 구입하지 않는다.

보관법 달걀은 둥근 부분이 위로 올라오게 해서 보관해야 노른자가 정중앙에 안정된 형상을 유지하고 호흡할 수 있다.

9. 감자와 고구마

감자는 양질의 단백질과 철분, 칼륨이 풍부하며 고구마에는 섬유소가 많아 변비에 좋고 칼륨이 풍부하여 염분을 몸 밖으로 배출시킨다.

활용법
- 오븐에 구워 먹는다.
- 굽거나 삶아 으깨어 우유나 마요네즈를 약간 섞어 샐러드로 만들어 먹는다.

고르는 법 감자는 껍질의 색이 일정하고 두께가 얇으며 표면에 흠집이나 검은 반점 같은 자국이 없는 것이 좋다. 고구마는 마른 땅에서 자란 고구마가 영양분이 많고 맛이 좋은데 고구마에 묻은 흙을 보고 습한 땅보다 마른 땅에서 캐낸 고구마를 선택한다. 색이 옅은 것보다는 진한 것이 맛있다.

보관법 감자는 신문지에 싸서 통풍이 잘되는 장소에 보관하고 사과와 함께 보관을 하면 싹이 나지 않는다. 고구마는 냉장 보관하면 고구마의 당분이 녹말로 바뀌어 달콤한 맛이 줄어들기 때문에 구입하면 햇볕에 말려 신문지에 싸서 상자에 담아 어둡고 공기가 잘 통하는 실온에서 보관하는 것이 좋다.

10. 두부

콩은 쇠고기보다 지방 함량은 적고 칼슘 함량은 높아 '밭에서 나는 고기'로 불린다. 콩으로 만든 두부는 콩보다 소화가 잘되며 여러 요리에 두루 활용할 수 있다.

활용법
- 지짐용, 찌개용, 생식용 등 용도에 따라 두부를 고른다. 찌개에 사용할 때는 부드러운 두부, 부침에 사용할 때는 단단한 두부를 사용한다. 또 두부는 오랜 시간 가열하면 단백질이 단단해지니 센 불에서 오래 익히지 않는다.

고르는 법 제조일자를 꼭 확인하고 포장에 적혀 있는 식품 첨가물을 꼼꼼히 확인하고 구입한다.

보관법 구입 즉시 냉장 보관한다. 고소한 맛을 그대로 유지하려면 수분이 있어야 하므로 밀폐용기에 담고 찬물을 부어 보관한다. 매일 깨끗한 물로 바꿔주면 이틀 정도는 신선하게 보관할 수 있다.

· 엄마의 요리 노트 Ⅳ ·

직접 만들어 먹이면 좋은
여진 엄마의 안심 먹을거리

요리하는 엄마라고 해서 맛보다는 건강을 중요시하는 밥상이나 간식을 매일 차려내는 건 아닙니다.
가끔은 아이가 먹고 싶어하는 과자를 사주기도 하고 친척들 모임에 나가면 어쩔 수 없이
먹게 되는 패스트푸드를 못 본 척 눈감아주기도 하니까요. 그렇지만 깐깐하게 챙기는 안심 먹을거리
몇 가지가 있어요. 음식의 기본이 되는 장류와 김치, 양념과 과일청은 직접 만들고
여진이와 함께 농장 체험을 하거나 텃밭을 가꾸기도 합니다.

장류

된장 해마다 담기 힘드니 한 해 걸러 담근다. 가을에 좋은 콩을 골라두었다가 찬바람이 불기 시작할 때 콩을 삶아 메주부터 만든다. 메주를 잘 띄워 그 다음 해 봄이 되기 전에 소금물을 풀어 메주를 넣어두었다가 물이 잘 우러나면 건져 으깨서 메주는 된장으로, 갈색으로 변한 소금물은 간장으로 사용한다. 된장을 좀 더 맛있게 먹고 싶은 해에는 메주를 소금물에서 좀 빨리 건지고 간장을 맛있게 먹고 싶을 때에는 메주를 좀 늦게 건져 진한 간장을 만든다.

고추장 고추장은 소량씩 담기 좋다. 가을에 마른 고추를 구입하여 고춧가루용으로 곱게 빻아서 준비했다가 만든다. 엿기름을 걸러 찹쌀을 넣어 푹 끓여 삭힌 다음 메주가루와 고춧가루, 소금을 넣어 잘 저으면 된다. 엿기름에 찹쌀을 끓이는 것이 번거롭다면 소금물을 끓여 현미조청을 넣어 끓이면 간단하게 만들 수 있다.

김치류

김장철에 담근 김치는 잘 보관하면 일 년을 두고 먹을 수 있는 든든한 식재료이다. 찌개나 볶음, 찜, 국으로 다양하게 먹을 수 있어 김장김치는 넉넉하게 담근다. 그리고 계절마다 별미 김치를 담아 함께 상에 내면 여러 가지 반찬이 필요없다. 아이가 계절 김치를 즐겨 먹든 그렇지 않든 갖가지 김치가 있음을 알려주고 싶어 계절마다 다양한 별미 김치를 밥상에 올리려고 노력한다. 봄에는 얼갈이김치나 양파김치, 녹차 물김치를, 여름에는 오이소박이, 열무김치, 풋고추김치를, 가을에는 과일 나박김치, 더덕김치, 고들빼기 김치를 담근다. 그러나 계절마다 담그는 별미 김치는 오래 두었다가 먹기에는 맛이 없고 김치라면 시족을 못 쓰는 아이도 많지 않으니 먹을 만큼만 조금씩 담근다.

양념류

천연조미료인 다시마나 표고버섯, 새우, 멸치는 집에서 쉽게 만들어 쓸 수 있는 천연조미료다. 다시마는 작은 크기로 잘라 밀폐용기에 담아두고 그대로 넣어 국물을 우리거나 조림, 볶음 요리에 넣으면 감칠맛이 난다. 마른 표고버섯은 씻어서 불려 사용하고 표고버섯을 우린 물은 국물 요리나 조림에 사용한다. 새우나 멸치는 살짝 볶거나 오븐에 구워서 사용하면 비린 맛 없이 천연 국물을 만들 수도 있다. 커터에 다시마, 마른 표고버섯, 새우, 멸치 등을 함께 갈아 조금씩 사용해도 좋다. '약방의 감초'처럼 갖은 요리에 사용하는 마늘은 김장철에 껍질을 벗겨 커터에 곱게 갈아 작은 지퍼백에 편평하게 담아 냉동 보관하고 해동해서 사용한다.

매실청 매실이 나는 초여름에 싱싱한 매실을 황설탕과 1 : 1의 비율로 재운다. 100일쯤 지나면 걸러서 병에 담아두었다가 설탕 대신 사용한다. 배탈이 났을 때 물에 타서 마시면 소화가 잘된다.

오미자청 늦여름에서 초가을에 생오미자가 나오면 매실처럼 흰 설탕과 1 : 1 배율로 재운다. 100일쯤 지나면 걸러 병에 담아두고 일 년 내내 음료수로 마신다. 겨울에는 따끈

하게 마시면 감기 예방에 좋고 여름철에는 수박이나 과일 화채를 만들 때 넣으면 좋다.

여진맘의 단골 식재료상

사계절이 분명하여 계절마다 맛볼 수 있는 다양한 재료들이 있다. 동네 마트에도 분명 제철 식품이 보이지만 재래시장에 가보면 눈에 띄게 제철 식품들이 많다. 주로 시장을 보는 곳은 동네 오일장. 할머니들이 직접 수확해 조금씩 판매하는 식재료를 눈으로 직접 확인하고 구입한다. 또 자주 가는 몇 군데 재래시장의 오일장을 알아두고 주말과 겹치면 아이와 함께 여행 삼아 장을 보러 간다. 일 년을 두고 먹는 콩, 깨, 고추, 마늘 등은 재래시장에서 구입한다. 좋은 재료를 구입했던 곳은 해마다 부탁하여 구입한다. 특히 콩은 메주를 만들어 된장도 담고 간장도 담기 때문에 친인척을 동원하여 직접 콩 농사를 짓는 분들에게 해마다 구입하고 있다.

봄에는 딸기, 여름에는 참외, 수박, 가을에는 사과, 배, 포도를 직접 따고 맛보는 체험 행사에도 열심히 참여한다. 장 만드는 어느 기업에서는 해마다 유기농 텃밭을 분양하여 콩밭 가꾸기 체험을 진행하고 있다. 가족이 참가하여 농사 교육을 받고 콩을 심어 수확하고 그 콩으로 메주와 간장을 만든다. 도시에 살고 있다면 시에서 직접 운영하는 텃밭을 분양받아 주말농장을 체험해보면 좋다.

아이와 함께 가꾸는 베란다 텃밭

봄이 되면 아이와 함께 화원에 가서 모종 채소나 씨앗을 고른다. 쑥갓, 상추, 부추, 고추, 피망, 오이, 호박, 그리고 여러 가지 허브류. 씨앗을 뿌려 새싹이 나는 기쁨을 맛볼 수 있는 작은 텃밭이 있으면 더욱 좋겠지만 그렇지 않다면 모종을 추천한다. 상추나 쑥갓은 심으면 금방 자라기 때문에 잎이 자랄 때마다 조금씩 뜯어 샐러드나 샌드위치를 만들어 먹는데 여진이가 너무 좋아한다. 부추나 쑥갓은 그대로 두지 말고 줄기가 번질 수 있도록 자랄 때 조금씩 자주 잘라주어야 옆으로 퍼져서 오랫동안 싱싱한 채소를 맛볼 수 있다. 오이나 호박은 성장하면서 줄기가 길어지면 끈을 이용해 타고 올라갈 수 있도록 묶어주어야 한다. 피망이나 고추, 토마토 등은 다른 모종에 비해 벌레가 쉽게 생기는데 이럴 때에는 물에 커피를 진하게 타서 분무기에 넣어 뿌려준다. 허브류는 강한 향 때문인지 벌레가 잘 생기지 않으니 키워서 잎을 말려 허브차로 마시거나 여름철에는 찬물에 우리면 청량음료가 되고 고기를 재울 때 조금 넣으면 잡냄새를 없애준다. 베란다 텃밭을 이용해 채소를 기를 때에는 큰 화분에 심는 것이 좋고 화분이 없다면 택배용 스티로폼 박스를 모아 흙을 채워 사용해도 된다. 이것저것 여러 가지 채소를 키우겠다고 욕심을 내기보다 가족이 먹을 수 있는 채소를 몇 가지 정해 수확하는 기쁨을 누릴 수 있도록 한다. 특히 채소를 아주 싫어하는 아이들에게 베란다 텃밭은 좋은 먹을거리 학교가 된다.

Tip 채소와 과일 세척법

① 속까지 깨끗이 씻어야 하는 과일
밀가루나 베이킹 소다를 뿌린 다음 흐르는 물로 씻는다.

② 껍질을 벗겨 먹는 과일
식초와 물을 1:10의 비율로 섞어 20~30분간 담갔다가 흐르는 물에 씻는다.

③ 껍질이 있는 채소와 과일
과일 전용 세정제나 소금, 식초 등으로 씻는다.

④ 상추와 파 같은 채소
과일 전용 세정제를 섞은 물에 2~3분 정도 담갔다가 흐르는 물에 30초 이상 씻는다. 채소를 씻을 때는 처음부터 소금물에 씻으면 농약이 채소 속으로 침투할 경우가 있으므로, 흐르는 물에 먼저 씻고 나서 소금물에 씻는다.

Tip 농수산식품부가 알려주는 잔류 농약 없애는 법

- 쌀은 밥을 짓기 전에 담가놓은 물을 따라낸다.
- 오이는 소금을 뿌려 도마 위에 문지른다.
- 대파는 표피 한 장을 뜯어낸다.
- 양배추는 겉잎을 2~3장 떼어낸다.
- 생으로 먹는 양배추는 찬물에 3분 정도 담가둔다.
- 레몬은 껍질을 벗겨내고, 껍질째 사용한다면 뜨거운 물로 잘 씻어 잔류 농약과 코팅제를 없앤다.
- 바나나는 꼭지 부분을 1cm 정도 잘라낸다.
- 토마토는 데쳐서 껍질을 벗겨낸다.
- 돼지고기는 20~30분간 덩어리째 삶아 조리하고 닭고기는 껍질을 벗겨내고 쇠고기는 지방을 떼어낸다.
- 어묵은 끓는 물에 살짝 데쳐 조리한다.

도움말 · 농수산식품부

· 엄마의 요리 노트 V ·

철 있는 식재료 달력

장바구니에 어떤 재료를 담으세요? 유기농 채소, 한우?
성장기 아이들에게는 꼭 필요한 영양을 공급하는 주요 식재료가 있어요.
아이들의 성장과 두뇌 발달을 돕는 아이를 위한 10대 식재료를 소개합니다.

봄

3월
채소 냉이, 달래, 돌나물, 두릅, 머위, 봄동, 상추, 쑥, 쑥갓, 원추리, 얼갈이배추, 열무
해산물 가자미, 굴, 김, 꼬막, 도미, 모시조개, 미역, 바지락, 병어, 조기, 주꾸미, 키조개, 톳, 파래
과일 귤, 딸기, 레몬

4월
채소 냉이, 돌나물, 두릅, 봄동, 부추, 상추, 시금치, 쑥, 쑥갓, 아스파라거스, 양배추, 양상추, 얼갈이배추, 열무, 죽순, 취나물
해산물 꽃게, 도미, 멸치, 모시조개, 바지락, 병어, 주꾸미, 키조개
과일 딸기, 레몬, 살구

5월
채소 마늘, 부추, 상추, 양배추, 양파, 얼갈이배추, 열무, 파
해산물 갑오징어, 고등어, 꽁치, 꽃게, 넙치, 도미, 멍게, 멸치, 병어, 오징어, 잔새우, 전복, 주꾸미, 참치, 키조개
과일 딸기, 레몬, 앵두, 자두, 체리

여름

6월
채소 감자, 근대, 깻잎, 껍질콩, 마늘, 부추, 상추, 셀러리, 시금치, 애호박, 양배추, 양파, 얼갈이배추, 오이, 옥수수, 파프리카, 풋콩
해산물 고등어, 민어, 병어, 삼치, 오징어, 전갱이, 전복, 조기
과일 매실, 복분자, 복숭아, 블루베리, 살구, 수박, 앵두, 오디, 자두, 참외

7월
채소 근대, 깻잎, 노각, 도라지, 부추, 브로콜리, 상추, 셀러리, 애호박, 양배추, 오이, 옥수수, 토마토, 파프리카, 피망
해산물 갈치, 갑오징어, 광어, 오징어, 장어, 홍어
과일 멜론, 복분자, 복숭아, 블루베리, 수박, 아보카도, 참외, 포도

8월
채소 근대, 깻잎, 노각, 도라지, 부추, 브로콜리, 상추, 셀러리, 애호박, 오이, 옥수수, 토마토, 파프리카, 피망
해산물 갈치, 성게, 오징어, 장어, 전복
과일 멜론, 복숭아, 수박, 참외, 포도

가을

9월
- **채소** 고구마, 고추, 깻잎, 당근, 부추, 오이, 옥수수, 토란, 토마토, 표고버섯, 호박
- **해산물** 갈치, 꽃게, 새우, 연어, 오징어, 장어, 전어, 조기
- **버섯** 느타리버섯, 표고버섯 등의 버섯류
- **과일** 무화과, 배, 사과, 석류, 포도

10월
- **채소** 고구마, 당근, 대파, 무, 배추, 부추, 순무, 쪽파, 호박
- **해산물** 가자미, 갈치, 고등어, 광어, 굴, 꽁치, 꽃게, 대하, 대합, 삼치, 소라, 전어, 청어, 홍합
- **버섯** 느타리버섯, 송이버섯, 표고버섯 등의 버섯류
- **과일** 감, 대추, 모과, 밤, 배, 사과, 석류, 오미자, 유자, 은행, 잣

11월
- **채소** 당근, 대파, 무, 배추, 연근, 우엉, 쪽파, 호박
- **해산물** 갈치, 고등어, 광어, 굴, 김, 꼬막, 꽁치, 꽃게, 대구, 대하, 대합, 모시조개, 문어, 미역, 바지락, 삼치, 생태, 소라, 전어, 키조개, 톳, 파래, 홍합
- **버섯** 송이버섯, 표고버섯, 느타리버섯 등의 버섯류
- **과일** 감, 대추, 모과, 사과, 석류, 오미자, 유자, 은행, 잣, 키위

겨울

12월
- **채소** 당근, 무, 배추, 산마, 시금치, 시래기, 연근, 콜리플라워
- **해산물** 가자미, 갈치, 고등어, 광어, 굴, 김, 꼬막, 낙지, 넙치, 대구, 모시조개, 문어, 미역, 바지락, 방어, 복어, 삼치, 새우, 생태, 영덕게, 키조개, 톳, 파래, 홍합
- **과일** 귤, 키위

1월
- **채소** 당근, 무, 시금치, 연근, 우엉
- **해산물** 갈치, 고등어, 굴, 김, 꼬막, 낙지, 대구, 동태, 모시조개, 문어, 미역, 민어, 바지락, 병어, 삼치, 새우, 생태, 키조개, 톳, 파래, 홍합
- **과일** 귤

2월
- **채소** 냉이, 달래, 당근, 미나리, 시금치, 연근, 우엉, 움파
- **해산물** 고등어, 광어, 굴, 김, 꼬막, 낙지, 다시마, 대구, 동태, 모시조개, 미역, 바지락, 삼치, 생태, 전복, 키조개, 톳, 파래, 홍합
- **과일** 귤, 레몬

· 엄마의 요리 노트 VI ·

냉장고에 붙여두고 구구단처럼 외우는
냉장·냉동 식품의 보존 기간

옛날 곳간과 텃밭을 대신하는 냉장고는 뭐든지 넣어두기만 하면
영원히 보존할 수 있는 요술 상자가 아닙니다.
냉장고에 넣든 냉동실에 넣든 식품의 보존 기간은 존재해요.
건강한 밥상을 차리려면 냉장고와 냉동고를 똑똑하게 이용해야 합니다.
알아두면 좋을 냉장과 냉동 식품의 보존 기간을 소개할게요.

냉장 식품

육류
다진 고기 1일
닭고기 1일
두툼한 쇠고기·돼지고기 1~2일
베이컨 3~4일
삼겹살 1~2일
소시지 3~4일
얇게 썬 쇠고기·돼지고기 1~2일
햄 3~4일

해산물
명란젓 1주
모시조개 1~2일
바지락 1~2일
새우 1~2일
생선 1~2일
오징어 1~2일
키조개 1~2일
토막 낸 생선 1~2일

채소
가지 3~4일
감자 1주 *1개월(실온 보관)
단호박 4~5일(자른 것) *2~3개월(실온 보관)
당근 4~5일
대파 1주
마 1주(자른 것) *1개월(실온 보관)
무 4~5일
배추 1개월(통배추), 3~4일(자른 것)
부추 3~4일
브로콜리·콜리플라워 2~3일
생강 1주
시금치 3~4일
애호박 3~4일
양배추 2주
양상추 3~4일
양파 1주 * 1~2개월(실온 보관)
오이 3~4일
옥수수 3~4일
우엉 1주
콩나물 1~2일
토마토 3~4일
풋콩 2~3일
피망 1주
허브 2~3일

과일
딸기 2~3일
레몬 2주
멜론 1~2일
무화과 1~2일
배 7~10일
사과 1~2주
수박 1~2일
오렌지 1개월
파인애플 1~2일(자른 것) *3~4일(실온 보관)
포도 2~3일

기타
달걀 5주
두부 2~3일
마가린 2주
밤 2주

밥 1일
버섯 1주
버터 2주
생크림 1~2일
요구르트 2~3일
우유 2~3일
은행 1개월
치즈 1~2주

시금치 2~3주
애호박 2주
양배추 1~2주
양파 1개월
옥수수 1개월
우엉 1개월
콩나물 2주
토마토 1개월
풋콩 1개월
피망 1개월

냉동 식품

육류 다진 고기 2주
닭고기 2주
두툼한 쇠고기·돼지고기 2주
베이컨 1개월
삼겹살 1개월
소시지 1개월
얇게 썬 쇠고기·돼지고기 2주
햄 1개월

해산물 명란젓 2~3주
모시조개 1~2주
바지락 1~2주
새우 1개월
생선 2주
어묵 1개월
오징어 2주
키조개 2주
토막 낸 생선 2~3주

채소 가지 1개월
감자 1개월
고구마 1개월
단호박 1개월
당근 1개월
대파 1개월
마 2주
마늘 1개월
무 1개월
부추 1개월
브로콜리·콜리플라워 1개월
생강 1개월
숙주나물 2주

과일 감 1개월
귤 1개월
딸기 1개월
레몬 1개월
멜론 1개월
무화과 1개월
바나나 1개월
배 1개월
수박 1개월
오렌지 1개월
키위 1개월
파인애플 1개월
포도 1개월

기타 달걀 1~2주
두부 1개월
밤 1개월
밥 1개월
버섯 2주
버터 1개월
생크림 2주
요구르트 2주
은행 1개월
치즈 1개월
허브 2주

■ 냉동 보관하는 식재료는 생것 그대로 보관하는 것도 있고, 데치거나 익혀 보관해야 하는 것도 있다.

PART 1

무럭무럭 쑥쑥
영양 만점
한 끼 요리&반찬 65

 아이 러브 고기
구운 감자와 허브 갈릭 치킨

아이들은 채소보다 고기를 참 좋아하지요.
아이가 고기만 먹는다고 걱정하지 말고 채소를 꼭 곁들여
균형 잡힌 식사가 되도록 신경 쓰세요.
특히 산성 식품인 감자는 육류와 잘 어울리는 채소예요.

효자 식재료

허브 아이들도 거부감 없이 먹을 수 있는 허브로는 향이 그다지 강하지 않은 파슬리나 바질이 적당해요. 생으로 다져 넣어도 되고 드라이 허브를 넣어도 좋아요.

✳︎

2인분
요리 시간 30분

오븐
200℃, 10~15분

주재료
감자 1개
허브 솔트 약간
식용유 적당량
닭 다리 2개
밀가루 1/4컵

닭고기 양념 재료
간장 1
맛술 0.5
설탕 0.5
물 3
소금·후춧가루 약간씩

허브 크러스트 재료
다진 마늘 2
버터 2
빵가루 1/4컵
다진 파슬리 0.3

허브 솔트는 소금을 빻아 마른 바질이나 파슬리 등을 섞어서 만들어도 돼요.

❶ 감자는 물에 깨끗이 씻어 껍질째 큼직하게 잘라 허브 솔트 약간과 식용유를 뿌린다.

❷ 닭 다리는 뼈를 발라내고 간장 1, 맛술 0.5, 설탕 0.5, 물 3, 소금과 후춧가루 약간씩을 뿌려 20분 정도 재웠다가 밀가루 1/4컵을 입혀 식용유를 두른 팬에 굽는다.

버터는 실온에 두었다가 말랑말랑해지면 부드럽게 섞은 다음 나머지 재료와 섞으세요.

❸ 다진 마늘 2, 버터 2, 빵가루 1/4컵, 다진 파슬리 0.3을 섞어 허브 크러스트를 만든다.

❹ 구운 닭 다리는 껍질 쪽에 허브 크러스트를 발라 감자와 함께 오븐팬에 담아 200℃로 예열한 오븐에서 10~15분 정도 굽는다.

 치킨 먹으며 인도 공부
탄두리 치킨

인도 사람들이 사용하는 화덕을 탄두리라고 부르는데,
닭을 꼬치에 꿰어 굽기도 하고 갖가지 빵도 굽는 조리 도구예요.
아이에게 탄두리 치킨을 만들어주면서 인도라는 나라에 대한
짤막한 설명도 곁들여주세요.

효자 식재료

탄두리 티카 인도식 탄두리 치킨 양념으로 대형마트나 온라인 쇼핑몰 등에서 판매해요. 탄두리 치킨뿐만 아니라 양고기나 돼지고기 요리에 조금씩 넣으면 고기의 잡냄새도 없앨 수 있고 독특한 풍미가 나요.

2인분
요리 시간 40분

오븐
200℃, 25~30분

주재료
토막 낸 닭 1/2마리
탄두리 티카 1봉
플레인 요구르트 1개
양파 1/4개

땅콩버터 소스 재료
땅콩버터 3
머스터드 0.5
맛술 1
간장 0.5
레몬즙 2
후춧가루 약간

❶ 닭에 칼집을 넣어 탄두리 티카와 플레인 요구르트를 넣고 버무려 30분 정도 재운다.

❷ 오븐팬에 닭을 얹어 230℃로 예열한 오븐에서 25~30분 정도 구워 접시에 담는다.

팬에 굽는다면 닭고기를 삶아서 물기를 완전히 빼고 양념에 버무려 구우세요.

❸ 양파는 곱게 채 썰어 찬물에 담가 매운맛을 빼고 닭고기 옆에 담는다.

❹ 땅콩버터 3, 머스터드 0.5, 맛술 1, 간장 0.5, 레몬즙 2, 후춧가루 약간을 섞어 땅콩버터 소스를 만들어 곁들인다.

03 깐풍기

집에서 튀김 요리를 하려면 엄두가 안 나지만 의외로 후다닥 만들 수 있는 요리예요.

2인분
요리 시간 30분

주재료
닭 다리 4개
마른 고추 1개
피망 1/4개
마늘 2쪽
생강 약간
튀김기름 적당량

닭고기 양념 재료
간장 1
청주 1
녹말가루 3

양념 재료
간장 2
식초 3
설탕 2
청주 1
물 1
굴소스 0.3
고추기름 0.3
후춧가루 약간
참기름 0.3

❶ 닭 다리는 뼈까지 닿도록 세로로 길게 칼집을 내고 살을 펼쳐 칼끝으로 뼈를 발라내어 칼등으로 두드려 넓게 편 다음 2cm 폭으로 썰어 간장 1, 청주 1, 녹말가루 3으로 양념하여 20분 정도 재운다.

❷ 마른 고추와 피망은 반으로 갈라 씨를 털어내고 큼직하게 썰고 마늘과 생강은 얇게 저미고 간장 2, 식초 3, 설탕 2, 청주 1, 물 1, 굴소스 0.3, 고추기름 0.3, 후춧가루 약간, 참기름 0.3을 섞는다.

❸ 간이 밴 닭고기를 170℃의 튀김기름에 바삭하게 튀긴다.

❹ 팬에 식용유를 두르고 마른 고추, 피망, 마늘, 생강을 넣어 약한 불에 볶다가 향이 나면 양념 재료를 넣어 끓이다가 닭고기를 넣어 3~5분 정도 더 끓인다.

아이용 라조기 04

두뇌 발달에 좋은 땅콩이나 아몬드 등의 견과류를
다져 올리면 아이들이 고소해서 잘 먹어요.

2인분
요리 시간 40분

주재료
닭 가슴살 1조각
목이버섯 2개
표고버섯 2개
홍고추 1개
풋고추 1개
마른 고추 1/2개
죽순(통조림) 1통
튀김기름 적당량

닭고기 양념 재료
청주 1
달걀 1/4개
녹말가루 3
후춧가루 약간

양념 재료
고추기름 1
스위트 칠리소스 1
다진 파 0.5
다진 마늘 0.3
청주 2
물 2/3컵
간장 1
굴소스 1
녹말물 약간

녹말옷은 튀길 때 서로 달라붙을 수 있는데, 일부러 떼어내면 튀김옷이 벗겨지기도 해요. 다 튀기고 나면 떨어지니 튀겨질 때까지 기다리세요.

❶ 닭 가슴살은 손가락 두 께로 썰어 청주 1, 달걀 1/4개, 녹말가루 3, 후춧가루 약간을 넣고 버무린다.

❷ 목이버섯과 표고버섯은 물에 불려 먹기 좋은 크기로 썰고 홍고추와 풋고추는 반으로 갈라 납작하게 썬다. 마른 고추는 가위로 어슷하게 자르고 죽순은 먹기 좋은 크기로 썬다.

❸ 양념한 닭 가슴살은 170°C의 튀김기름에 노릇노릇하게 튀긴다.

❹ 팬에 고추기름 1과 스위트 칠리소스 1을 두르고 마른 고추, 다진 파 0.5, 다진 마늘 0.3을 넣어 타지 않게 볶은 다음 청주 2와 채소를 넣어 볶다가 물 2/3컵, 간장 1, 굴소스 1을 넣고 녹말물로 농도를 맞추고 닭고기를 넣어 버무린다.

두부 먹이기 대작전
두부 햄 커틀릿

아이들이 좋아하는 햄을 건강에 안 좋다는 이유로 무조건 못 먹게 하면 아이는 나름대로 스트레스를 받는답니다.
엄마가 먹이고 싶은 두부와 아이가 먹고 싶은 햄이 휴전을 선언했어요.

효자 식재료

두부 1년 내내 구할 수 있는 만만한 먹을거리로 영양은 풍부하지만 소화력은 떨어지는 단점을 지닌 콩을 두부로 만들면 소화가 잘돼요. 훌륭한 단백질 공급원인 두부를 이용한 다양한 간식을 만들어 아이들의 입맛을 잡고, 건강도 챙기세요.

2인분
요리 시간 30분

주재료

두부 1/2모
소금 · 후춧가루 약간씩
햄(통조림) 1통
밀가루 1/4컵
달걀 1개
소금 약간
빵가루 1컵
검은깨 1
튀김기름 적당량

칠리소스 재료

토마토케첩 1/4컵
핫소스 1
다진 양파 1
물 2

대체 식재료

햄 ▶ 얇게 썬 쇠고기나 돼지고기, 포를 뜬 생선살

❶ 두부는 1cm 두께로 썰어 소금과 후춧가루를 뿌려 5분 정도 두었다가 키친타월로 물기를 제거한다.

❷ 햄은 얇게 썰어 두부 크기로 잘라 두부의 양쪽에 포갠 다음 밀가루를 골고루 입힌다.

❸ 달걀에 소금을 약간 넣고 잘 풀어 두부와 햄을 넣어 달걀물을 입힌다.

꼭꼭 눌러야 빵가루가 식용유에 떨어지지 않아 깔끔하게 튀겨져요

❹ 빵가루와 검은깨를 섞은 다음 ❸을 넣어 꼭꼭 눌러가며 빵가루를 묻힌다.

❺ 180℃의 튀김기름에 노릇노릇하게 튀긴다.

❻ 냄비에 토마토케첩 1/4컵, 핫소스 1, 다진 양파 1, 물 2를 끓여 칠리소스를 만들어 곁들인다.

06 이국적이지만 간단한
치킨 트위스터

토르티야는 이제 구하기 쉬워져서 집에서도 쉽게 만들 수 있어요.
아이들의 건강을 위해 닭고기를 튀기는 대신 구웠어요.

효자 식재료

토르티야 밀가루나 옥수수 가루에 소금 등을 넣어 만든 얇은 빵. 트위스터나 롤을 만들거나 피자 도우 대신 토르티야를 사용하면 간편해요. 대형 마트에서 냉동 상태로 구입하여 한 번 먹을 분량씩 나누어 보관했다가 사용하세요.

2인분
요리 시간 30분

주재료
토르티야 2장
닭 안심 4조각
양상추 2장
치커리 1/3줌
노랑 파프리카 1/4개
빨강 파프리카 1/4개

닭고기 양념 재료
청주 0.5
케이준 파우더 0.5
식용유 1
소금·후춧가루 약간씩

소스 재료
다진 피클 2
다진 양파 2
마요네즈 2
머스터드소스 0.5

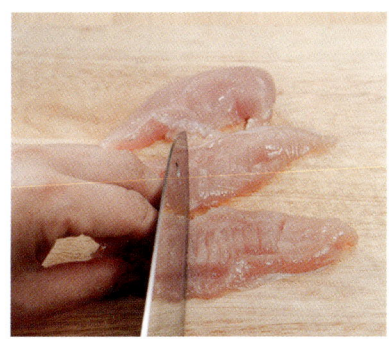

❶ 닭고기는 안심으로 준비하여 물기를 제거하고 칼집을 낸 다음 청주 0.5, 케이준 파우더 0.5, 식용유 1, 소금과 후춧가루 약간씩으로 밑간하여 팬에 굽는다.

❷ 양상추와 치커리는 먹기 좋은 크기로 손으로 뜯고 노랑 파프리카와 빨강 파프리카는 채 썬다.

❸ 다진 피클 2, 다진 양파 2, 마요네즈 2, 머스터드소스 0.5를 섞어 소스를 만든다.

❹ 토르티야 위에 채소와 닭고기를 올리고 소스를 뿌린 다음 잘 말아 래핑해서 고정했다가 먹기 좋게 썰어 낸다.

먹기 좋게 잘라 독특한 접시에 담아주면 더 잘 먹어요.

07 오늘은 튀기지 말고 조려 먹을래?
닭 마늘조림

같은 요리라도 부재료를 약간 바꾸거나 조리법을 달리하거나
다른 그릇에 담아주면 아이들은 음식에 흥미를 보여요.
닭고기나 오리고기 같은 가금류 요리에는 달콤한 맛이 잘 어울리니
프룬 등의 건과일 등을 넣어 달콤하게 조리세요.

효자 식재료

프룬 서양 자두인 프룬은 식이섬유와 미네랄, 비타민을 고루 함유하고 있어요. 주스나 농축액도 판매되는데, 말린 프룬을 즐겨 먹어요. 다져서 간식을 만들 때 넣거나 아이의 눈에 자주 띄도록 테이블 위에 올려놓는답니다.

2인분
요리 시간 30분

주재료
닭 다리 4개
다진 마늘 2
녹말가루 · 식용유 적당량씩

조림장 재료
양파 1/4개
홍고추 1/2개
풋고추 1/2개
프룬 2개
간장 2
맛술 3
설탕 1
물 1/4컵

대체 식재료
닭고기 ▶ 돼지고기 또는 쇠고기
프룬 ▶ 크랜베리 또는 건포도

❶ 닭 다리는 뼈를 발라내고 넓게 저며 펴서 껍질 쪽에 칼집을 넣은 다음 다진 마늘에 20분 정도 재운다.

❷ 다진 마늘에 재운 닭고기에 녹말가루를 고루 묻히고 달군 팬에 식용유를 두르고 노릇노릇하게 지진다.

❸ 양파 1/4개, 홍고추 1/2개, 풋고추 1/2개, 프룬 2개는 굵게 다진다.

❹ 냄비에 간장 2, 맛술 3, 설탕 1, 물 1/4컵과 다진 양파, 홍고추, 풋고추, 프룬을 넣어 1분 정도 조리다가 닭고기를 넣어 5분 정도 더 조린다.

❺ 조린 닭고기는 아이들이 먹기 좋은 크기로 썬다.

오늘의 영양 간식
08 두부 강정

두부에는 콜레스테롤과 지방이 몸에 축적되는 것을 막아주는 리놀렌산이 풍부해요.
이 성분은 우리 몸에서 합성되지 않는 필수지방산이니 소아 비만을 걱정한다면
두부 요리를 자주 만들어주면 좋아요.

2인분
요리 시간 20분

주재료
두부(단단한 것) 1모
소금 약간
녹말가루 1/3컵
튀김기름 적당량
호두 2
무순·검은깨 약간씩

양념 재료
고추장 1
토마토케첩 2
유자청 1
물 1/4컵

대체 식재료
호두 ▶ 땅콩, 아몬드 등의 견과류

녹말가루를 묻혀 3분 정도 두면 녹말가루가 축축해져서 바삭하게 튀겨져요

❶ 두부는 사방 1.5cm 크기의 두기 모양으로 썰어 소금을 뿌려 10분 정도 절였다가 키친타월로 물기를 제거한다.

❷ 두부에 녹말가루를 골고루 묻혀 잠시 두었다가 180℃의 튀김기름에 노릇하게 튀긴다.

09
Another Recipe

두부 샐러드

요리 시간 20분

재료 지진 두부 2조각, 샐러드 채소 약간, 간장 드레싱 약간

만드는 법 지진 두부는 깍두기 모양으로 썰고 샐러드 채소는 찬물에 담갔다가 건져 물기를 제거하여 샐러드 채소에 두부를 올리고 간장 드레싱을 뿌리세요.

❸ 호두는 굵게 다진다.

❹ 고추장 1, 토마토케첩 2, 유자청 1, 물 1/4컵을 끓여 튀긴 두부와 호두를 넣어 살짝 버무려 그릇에 담고 무순과 검은깨로 장식한다.

주말 요리 교실

10

떡을 넣은 꼬치 미트로프

주말이 되면 음식 만들기를 좋아하는 딸아이와 요리를 해요.
미트로프는 딸아이와 자주 만드는 메뉴 중 하나인데,
자주 만드는 데는 엄마의 흑심이 있어요.
아이가 버섯을 싫어해서 미트로프에 곱게 다져 넣거든요.
아이가 제 손으로 만들어서 그런지, 버섯인 줄 알면서도 잘 먹더라고요.

효자 식재료

표고버섯 비타민이 풍부하여 성장기 아이에게 좋은 식재료이지만, 대부분의 아이들이 채소와 버섯을 먹으려 하지 않아 엄마들은 속을 끓이지요. 아이 모르게 표고버섯을 잘게 다져 넣거나 가루 내어 찌개나 나물 등에 넣어 먹이세요.

2인분
요리 시간 30분

주재료
가래떡 1줄
양파 1/4개
표고버섯 1개
식용유 적당량
다진 쇠고기 200g
빵가루 1/4컵

양념장 재료
간장 2
설탕 1
맛술 0.5
다진 파 1
다진 마늘 0.5
참기름 0.5
후춧가루 약간

대체 식재료
쇠고기 ▶ 돼지고기 또는 닭고기, 새우살

말랑말랑한 가래떡은 그대로 사용하세요.

❶ 가래떡은 5cm 길이로 썰고, 물에 담가 부드럽게 불린다.

❷ 양파와 표고버섯은 곱게 다져 팬을 달구어 식용유를 두르고 볶아 식힌다.

끈기 있게 잘 치대야 구웠을 때 모양이 매끈해요.

❸ 볼에 쇠고기, 간장 2, 설탕 1, 맛술 0.5, 다진 파 1, 다진 마늘 0.5, 참기름 0.5, 후춧가루 약간을 넣고 버무린 다음 다진 양파, 표고버섯, 빵가루를 넣고 섞어 치댄다.

❹ 손에 식용유를 약간 바른 후 반죽한 쇠고기를 넓게 펴고 가래떡을 올려 돌돌 만다.

200°C로 예열한 오븐에서 10~15분 정도 구워도 돼요.

❺ 팬에 식용유를 두르고 굴려가며 익힌 다음 뚜껑을 덮어 속까지 익힌다.

❻ 아이들이 먹기 좋도록 나무꼬치에 꿴다.

어린이 입맛에 딱!
바비큐 폭찹

11

아이들이 처음 맛보는 요리는 가능한 한 아이들이 좋아하는 맛으로 요리하세요.
아무리 영양가 높고 좋은 재료를 사용해도 첫 맛에 실망하면
그 요리를 다시는 먹지 않으려고 하니까요.
케첩의 달콤한 맛을 더한 바비큐 소스맛은 아이들이 참 좋아해요.

효자 식재료

돼지고기 풍부한 지질은 칼로리가 높은 우수한 에너지원이며 뇌의 지적 활동에 없어서는 안되는 중요한 성분이에요. 삼겹살만 구워 먹이지 마시고, 찜이나 조림, 튀김 등 다양한 조리법으로 성장기 아이들의 입맛을 잡으세요.

2인분
요리 시간 30분

주재료

돼지고기 등심 200g
소금·후춧가루 약간씩
밀가루 2
식용유 적당량
양상추 약간
다진 파슬리 약간

바비큐 소스 재료

양파 1/4개
양송이버섯 2개
버터 1
황설탕 1
식초 0.5
토마토케첩 6
우스터소스 0.5
핫소스 0.5
물 1컵

대체 식재료

돼지고기 등심 ▶ 돼지고기 안심, 돈가스용 돼지고기

❶ 돼지고기 등심은 0.5cm 두께로 썰어 소금과 후춧가루로 밑간한다.

💬 밀가루가 약간 눅눅해졌을 때 지져야 타지 않고 잘 익고 돼지고기도 부드러워져요.

❷ 돼지고기의 앞뒤로 밀가루를 얇게 고루 묻힌 다음 밀가루가 약간 눅눅해지면 팬에 식용유를 두르고 갈색이 나도록 지진다.

❸ 양파 1/4개와 양송이버섯 2개는 곱게 다진다.

❹ 팬에 버터를 두르고 양파와 양송이버섯을 넣어 볶다가 노릇한 색이 돌면 황설탕 1, 식초 0.5, 토마토케첩 6, 우스터소스 0.5, 핫소스 0.5, 물 1컵을 넣는다.

❺ 소스가 끓어오르면 지진 돼지고기를 넣어 약한 불로 뭉근하게 조린다.

❻ 접시에 고기를 담고 팬에 남은 소스를 고루 끼얹은 다음 양상추를 곁들이고 다진 파슬리를 뿌린다.

12 편식을 물리치는 비밀 요리
구운 닭가슴살을 넣은 서머 롤

꼬마 손님들이 왔을 때 내놓으면 좋아하는 메뉴예요.
여러 가지 재료를 준비하여 각자 싸 먹을 수 있도록 알려주세요.
호기심에 이것저것 넣어 만들어 먹다 보면 자연스럽게 편식을 고칠 수 있어요.

2인분
요리 시간 20분

오븐
200℃, 15분

주재료
닭 가슴살 1조각
쌀국수(가는 것) 50g
피망 1/2개
오이 1/4개
당근 1/6개
키위 1개
파인애플 슬라이스 1조각
라이스페이퍼 15장

닭 가슴살 밑간 재료
맛술 1
로즈메리 0.3
소금·후춧가루 약간씩

땅콩 소스 재료
땅콩버터 2
물엿 1
파인애플즙 2
식초 0.5

대체 식재료
닭 가슴살 ▶ 새우, 오징어 등의 해산물 또는 쇠고기

❶ 닭 가슴살은 맛술 1, 로즈메리 0.3, 소금과 후춧가루 약간씩을 넣고 밑간하여 200℃로 예열한 오븐에서 15분 정도 굽는다.

끓는 물에 10분 정도 삶아서 건져 결대로 찢어도 돼요.

❷ 쌀국수는 찬물에 20분 정도 불려 끓는 물에 살짝 데쳐 찬물에 헹구고 물기를 뺀다.

❸ 피망, 오이, 당근은 채 썬다.

❹ 키위는 껍질을 벗기고 얇게 썰고 파인애플 슬라이스는 한입 크기로 납작하게 썬다.

❺ 땅콩버터 2, 물엿 1, 파인애플즙 2, 식초 0.5를 섞어서 땅콩 소스를 만든다.

라이스페이퍼는 뜨거운 물에 오래 담가두면 불어서 찢어지기 쉬우므로 따뜻한 물에 담갔다가 바로 건지세요.

❻ 미지근한 물에 라이스페이퍼를 한 장씩 담가 부드러워지면 건져 펼친 다음 준비한 재료를 담고 땅콩 소스를 뿌려서 돌돌 만다.

13 세상은 넓고 파스타는 많다
닭날개 파스타 카레조림

딸아이가 즐겨 보는 텔레비전 만화 〈아따맘마〉를 가끔 같이 보곤 해요.
아이들 프로그램이라고 우습게 생각했다가 놀랐어요.
다양한 정보를 수준 높게 다루는데 요리만 해도 유래나 영양 정보 등을 상세히 소개하더군요.
그래서 저도 딸아이에게 〈아따맘마〉처럼 파스타에 대한 재미있는 이야기를 들려주려고 해요.

효자 식재료

파스타 스파게티, 마카로니, 펜네, 파팔레, 푸실리, 라자냐, 링귀니 등을 통틀어 파스타라고 불러요. 흔한 스파게티면 대신 재미난 모양의 파스타로 간식을 만들면 아이가 신기해하며 먹어요.

2인분
요리 시간 35분

주재료
닭 날개 6개
감자 1/2개
양파 1/2개
당근 1/8개
빨강 피망 1/4개
피망 1/4개

파스타 1/2줌
소금·후춧가루 약간씩
식용유 적당량
우유 1컵+1/2컵
카레가루 4

닭고기 밑간 재료
맛술 1
소금·후춧가루 약간씩

❶ 닭 날개는 손질하여 물에 씻어 잔 칼집을 낸 다음 맛술 1, 소금과 후춧가루 약간씩으로 밑간한다.

❷ 감자, 양파, 당근, 빨강 피망, 피망은 굵게 채 썬다.

펜네, 파팔레, 푸실리 등 모양이 독특한 파스타를 사용하면 좋아요

❸ 파스타는 끓는 물에 소금을 약간 넣고 8분 정도 삶아 체에 건져 찬물에 헹구지 말고 그대로 사용한다.

❹ 냄비에 식용유를 적당히 두르고 손질한 채소를 모두 넣어 볶다가 익으면 소금과 후춧가루 약간씩으로 간한다.

❺ 팬에 식용유를 두르고 닭 날개를 앞뒤로 노릇노릇하게 지진 다음 우유 1컵+1/2컵과 카레가루 4를 넣어 끓이다가 삶은 파스타를 넣고 살짝 끓인다.

❻ 볶은 채소를 넣고 버무린다.

14 간장 떡볶이

고추장 떡볶이 대신 쇠고기를 넣은 간장 떡볶이로 아이들 입맛을 사로잡으세요.

2인분
요리 시간 25분

주재료
떡볶이떡 200g
쇠고기 100g
양파 1/4개
피망 1/4개
홍고추 1/2개
표고버섯 2개
식용유 적당량
통깨 약간

양념 재료
간장 2
맛술 0.5
물엿 1
설탕 0.3
후춧가루 약간
참기름 1

쇠고기 양념 재료
간장 1
설탕 0.3
다진 파 1
다진 마늘 0.3
참기름·깨소금·후춧가루 약간씩

생표고버섯보다 말린 버섯이 더 맛있어요.

1 떡볶이떡은 딱딱한 것은 끓는 물에 데쳐 물기를 빼고 간장 2, 맛술 0.5, 물엿 1, 설탕 0.3, 후춧가루 약간, 참기름 1을 넣어 버무린다.

2 쇠고기는 채 썰어 간장 1, 설탕 0.3, 다진 파 1, 다진 마늘 0.3, 참기름과 깨소금, 후춧가루 약간씩을 넣어 재운다.

3 양파, 피망, 홍고추는 채 썰고 표고버섯은 물에 불려 기둥을 떼고 물기를 꼭 짜서 채 썬다.

4 팬에 식용유를 두르고 양파를 볶다가 투명해지면 쇠고기와 표고버섯을 넣고 볶다가 쇠고기가 익으면 떡을 넣어 볶다가 피망과 홍고추를 넣어 볶다가 소금으로 간하고 통깨를 뿌린다.

2인분
요리 시간 20분

주재료
떡볶이떡 16개
식용유 적당량
다진 땅콩 · 검은깨 약간씩

양념 재료
고추장 1
간장 1
물엿 1
고춧가루 0.3
설탕 0.5
다진 마늘 0.5
깨소금 · 참기름 0.3씩
물 1/4컵

떡꼬치 15

엄마에게 추억의 간식거리인 떡꼬치. 요즘 아이들도 잘 먹으니 꼬치에 꿰어 학원 가는 길에 들려 보내세요.

❶ 떡볶이떡은 4~5개씩 꼬치에 꿰어 기름을 넉넉히 두른 팬에 튀기듯이 노릇하게 굽는다.

❷ 냄비에 고추장 1, 간장 1, 물엿 1, 고춧가루 0.3, 설탕 0.5, 다진 마늘 0.5, 깨소금 0.3, 참기름 0.3, 물 1/4컵을 넣고 바글바글 끓인다.

❸ 떡꼬치에 양념장을 앞뒤로 골고루 바른다.

❹ 떡꼬치에 다진 땅콩과 검은깨를 뿌린다.

16 외할머니표 먹을거리
채소 풋고추튀김

어릴 적에 즐겨 먹었던 엄마표 간식이에요.
풋고추가 넉넉한 여름이면 친정엄마가 만들어주셨거든요.
매울 것 같아 먹기를 망설였지만 튀김의 고소한 유혹을 뿌리치지 못해 먹어보니
맵지 않아서 그다음부터는 망설이지 않고 먹었던 기억이 나요.

효자 식재료

채소 시금치, 브로콜리, 양상추, 당근, 피망, 양파 등의 채소에는 잘 알려진 대로 비타민이 풍부하며, 눈의 건강에 도움을 주는 루테인도 함유되어 있어 성장기 아이들에게 꼭 필요한 영양소예요. 채소를 잘게 다져 튀겨주면 잘 먹어요.

2인분
요리 시간 25분

주재료
풋고추 6개
다진 돼지고기 50g
다진 채소(당근, 피망 등) 1/2컵
튀김기름 적당량

돼지고기 밑간 재료
청주 0.5
다진 마늘 0.3
소금·후춧가루 약간씩

튀김옷 재료
밀가루 1/4컵
튀김가루 1컵
카레가루 1
검은깨 0.5
찬물 1컵+1/4컵

아이가 매운 것을 못 먹는다면 풋고추를 데쳐서 조리하세요.

❶ 풋고추는 깨끗이 씻어 길쭉하게 반으로 갈라 숟가락으로 긁어 씨를 빼낸다.

❷ 다진 돼지고기에 청주 0.5, 다진 마늘 0.3, 소금과 후춧가루 약간씩을 넣어 간한다.

❸ 돼지고기에 다진 채소 1/2컵을 넣어 섞어 풋고추 안쪽에 채우고 밀가루 1/4컵을 골고루 입힌다.

반죽은 오래 두면 바삭한 맛이 없고 눅눅해지니 튀기기 직전에 만드세요.

❹ 그릇에 튀김가루 1컵, 카레가루 1, 검은깨 0.5, 찬물 1컵+1/4컵을 섞어 튀김옷을 만들어 풋고추에 입히고 180℃의 튀김기름에 바삭하게 튀긴다.

시골맛 간식
더덕 찹쌀가루튀김

요즘 아이들은 새로운 식재료를 많이 접하긴 하지만
그만큼 우리 고유의 식재료를 접할 기회는 없어지고 있는 것 같아요.
대표적인 재료로 더덕이나 도라지를 들 수 있는데,
쌉싸래한 더덕은 반찬으로도 좋지만 바삭하게 튀기면 은은한 향까지 즐길 수 있어요.

효자 식재료

더덕 더덕을 사삼(沙蔘)이라고도 부른다지요. 더덕은 폐와 비장, 신장을 튼튼하게 해주는 식품으로 아이들이 즐겨 먹기에는 부담스럽죠. 아이들에게는 매운 양념을 발라 굽는 더덕구이보다 더덕튀김을 자주 먹이세요.

2인분
요리 시간 20분

재료

더덕 4뿌리
찹쌀가루 1컵
튀김기름 적당량
소금 · 설탕 약간씩

대체 식재료

더덕 ▶ 도라지 또는 우엉, 연근

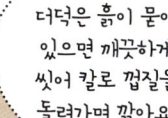
더덕은 흙이 묻어 있으면 깨끗하게 씻어 칼로 껍질을 돌려가며 깎아요.

❶ 더덕은 껍질을 벗기고 씻어 길이로 반 갈라 방망이로 두드려 얇게 펴고 물에 담가 아린 맛을 뺀다.

❷ 면포로 더덕을 눌러 물기를 제거해서 펼치고 소금을 골고루 뿌린다.

❸ 더덕에 찹쌀가루 1컵을 꼭꼭 눌러가며 골고루 입힌다.

튀긴 더덕을 꿀에 재웠다가 먹어도 돼요.

❹ 더덕은 170℃의 튀김기름에 노릇노릇하게 튀겨 설탕을 뿌려 접시에 담는다.

방과 후 맛보는
오징어링튀김

초등학교에 입학한 딸아이가 급식하는 사진을 학교 홈페이지에서 가끔씩 보는데요. 급식을 해서 편해지기는 했지만 급식하는 아이들의 모습을 보면 반드시 엄마표 간식이 필요하다는 생각을 해요.
그래서 아이들이 좋아하는 재료를 듬뿍 넣어 간식을 만든답니다.

효자 식재료

오징어 우수한 단백질이 풍부하여 영양가가 높은 식품이에요. 그러나 강한 산성 식품이라 알칼리성인 채소와 곁들여 먹는 게 좋아요. 오징어링튀김을 간식으로 줄 때는 번거롭더라도 아이들이 좋아하는 채소를 찌거나 오븐에 구워 함께 먹이세요.

2인분
요리 시간 25분

주재료
오징어 1마리
소금·후춧가루 약간씩
아몬드가루·검은깨 약간씩
튀김기름 적당량

튀김옷 재료
튀김가루 1/2컵
얼음물 1/4컵

대체 식재료
오징어 ▶ 생멸치 또는 새우

❶ 오징어는 다리를 잡아당겨 내장을 꺼내 잘라내고 다리는 위에서 아래로 훑어가면서 깨끗이 씻고 몸통은 가르지 말고 통으로 껍질을 벗긴다.

끓는 물에 살짝 데치면 튀길 때 기름이 튀지 않아요.

❷ 오징어를 0.5cm 두께의 링 모양으로 썰어 끓는 물에 살짝 데쳐 소금과 후춧가루로 밑간한다.

❸ 튀김가루 1/2컵과 얼음물 1/4컵을 섞어 오징어에 튀김옷을 입힌다.

튀김옷이 약간 걸쭉해야 아몬드가루와 흑임자를 입히기 쉬워요.

❹ 오징어에 아몬드가루와 검은깨를 각각 골고루 묻힌 다음 170℃의 튀김기름에 노릇노릇하게 튀긴다.

19 양파링튀김

아이들이 좋아하는 양파맛 과자를
진짜 양파로 뚝딱 만들었어요.

2인분
요리 시간 25분

재료
양파 1개(200g)
달걀 1개
소금·후춧가루 약간씩
튀김가루 2
빵가루 1컵
튀김기름 적당량

대체 식재료
양파 ▶ 가지

양파는 안쪽의 작은 것은 다져서 다른 요리에 사용하세요.

❶ 양파는 껍질을 벗기고 씻어 키친타월로 물기를 닦아 1cm 두께의 링 모양으로 썰어 낱낱이 떼어놓는다.

❷ 그릇에 달걀을 풀고 소금과 후춧가루로 간한다.

❸ 양파링에 튀김가루를 얇게 묻혀 달걀물에 담갔다가 빵가루를 손으로 꼭꼭 눌러가며 고루 묻힌다.

❹ 튀김옷을 입힌 양파링을 180℃의 튀김기름에 바삭하게 튀겨 나무 채반이나 키친타월에 얹어 기름기를 뺀다.

2인분
요리 시간 35분

재료
새우살 1컵
소금 약간
당근(2cm) 1/4개
양파 1/8개
다진 파 0.5
다진 마늘 약간
녹말가루 2
소금·후춧가루 약간씩
식빵 2장
튀김기름 적당량

대체 식재료
새우살 ▶ 생선살, 닭 가슴살

식빵에 굴린 새우살튀김 20

통새우튀김도 좋지만 식빵을 깍두기처럼 잘라 새우살과 튀기면 모양이 신기하다며 더 잘 먹어요.

> 새우살이 엉겨서 매끈하게 한 덩어리가 되도록 3분 정도 치대세요.

❶ 새우살은 소금물에 살살 헹궈 물기를 제거하여 곱게 다지고 당근과 양파도 곱게 다진다.

❷ 다진 새우살에 당근, 양파, 다진 파, 다진 마늘, 녹말가루를 넣고 소금과 후춧가루로 간하여 치댄다.

❸ 식빵은 갈색 테두리를 잘라내고 깍두기 모양으로 잘게 썬다.

❹ 새우살 반죽을 조금씩 떼어 식빵에 굴려 170℃의 튀김기름에 노릇노릇하게 튀긴다.

요즘 아이들의 주전부리
치즈 감자구이

"엄마 어렸을 적에는…."
저도 듣고 자란 말인데 요즘은 딸아이에게 똑같은 말을 하고 있어요.
감자를 삶아서 소금에 찍어 먹었는데, 요즘은 소금 대신 치즈를 비롯한 유제품을 곁들이면 맛도 영양도 훌륭한 간식이 뚝딱 만들어지니 참 풍요로운 세상이에요.

효자 식재료

감자 식이섬유인 펙틴이 풍부하여 변비 치료에 효과적이에요. 그러나 아미노산 중 메티오닌 함량이 적으므로 우유나 치즈와 함께 먹어야 영양 효율을 높일 수 있어요.

2인분
요리 시간 20분

오븐
230℃, 10~15분

재료
감자 2개
블랙 올리브 2개
허브 솔트 1
올리브오일 1
피자 치즈 1/2컵

대체 식재료
감자 ▶ 고구마 또는 단호박

> 감자는 표면이 매끄럽고 단단한 것으로 고르세요.

❶ 감자는 껍질째 흐르는 물에 깨끗이 씻어 반달 모양으로 10~12등분한다.

❷ 블랙 올리브는 링 모양으로 편으로 썬다.

> 허브 솔트는 소금을 빻아 마른 바질이나 파슬리 등의 허브를 섞으면 돼요.

❸ 오븐 용기에 감자를 얹고 허브 솔트 1과 올리브오일 1을 뿌리고 고루 섞는다.

> 오븐은 높은 열에서 조리하므로 열에 강한 내열유리를 사용하세요.

❹ 피자 치즈 1/2컵과 블랙 올리브를 뿌리고 230℃의 오븐에서 10~15분 정도 굽는다.

22 추억까지 가득한
고구마구이

시골집 텃밭에 매년 고구마를 심어요. 여름에는 딸아이와 함께 고구마순을 따서 손이 새까맣게 되도록 껍질을 벗겨 나물로 먹고, 가을에는 고구마를 캐서 쪄 먹고 구워 먹어요. 딸아이가 커서 고구마를 보면 이런 기억이 나겠죠.

효자 식재료

슬라이스 치즈 몸에 좋은 치즈라고는 해도 특유의 향과 풍미가 강해 아이들이 잘 안 먹기도 해요. 슬라이스 치즈는 아이들이 거부감 없이 먹지만, 가능하면 색소를 넣지 않은 치즈로 골라 먹이세요.

2인분
요리 시간 20분

오븐
200℃, 10분

재료

고구마 2개
슬라이스 치즈 1장
바나나 1개
생크림 2
피자 치즈 1/4컵
장식용 산딸기 약간

대체 식재료

고구마 ▶ 단호박 또는 감자
바나나 ▶ 건포도 또는 블루베리

❶ 고구마는 껍질째 씻어 찐 다음 반으로 잘라 속을 1cm쯤 남기고 숟가락으로 파내고 속은 따로 담아둔다.

> 길쭉한 모양의 고구마나 밤고구마처럼 물기가 적은 고구마가 좋아요

❷ 슬라이스 치즈는 굵게 다지고 바나나는 껍질을 벗겨 0.2cm 두께로 자른다.

❸ 파낸 고구마 속, 슬라이스 치즈, 바나나, 생크림을 고루 섞는다.

❹ 속을 파낸 고구마 틀에 ③을 채우고 피자 치즈를 얹어 200℃로 예열한 오븐에서 10분 정도 구워 산딸기를 올린다.

23 즉석 화전놀이
두부 찹쌀구이

찹쌀은 뜨거운 물로 익반죽하는 것이 일반적인데 찹쌀에 두부를 넣으면
차갑게 반죽할 수밖에 없어요. 그래서 두부 찹쌀구이는
예쁜 모양을 장담할 수 없지만 건강 간식임은 보장할 수 있어요.
아이들과 함께 진달래, 장미, 국화를 올려 화전놀이를 해보세요.

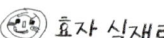 효자 식재료

두부 콩을 불려서 삶은 후 곱게 갈아 끓이다가 두부 응고제(간수)를 넣고 몽글몽글 해지면 면포에 걸러 틀에 넣어 무거운 것으로 누르면 손두부를 만들 수 있어요. 간수는 천일염이 담긴 소금자루에서 빠지는 물을 받거나 시판 제품을 사용하세요.

2인분
요리 시간 20분

재료
찹쌀가루 1컵
두부 1/4모
소금 약간
식용유 적당량
설탕 2
호박씨 1

대체 식재료
설탕 ▶ 딸기맛 올리고당 또는 아가베 시럽

> 마른 찹쌀가루는 부드럽게 부쳐지지 않으니 방앗간에서 판매하는 젖은 찹쌀가루로 만드세요.

❶ 찹쌀가루에 두부를 곱게 으깨어 넣고 소금을 약간 넣어 오래 치댄다.

❷ 찹쌀가루 반죽을 지름 3cm, 두께 0.5cm 크기로 빚어 랩을 깐 접시에 담는다.

❸ 팬에 식용유를 두르고 달구어 찹쌀 반죽을 넣고 호박씨로 장식한다.

❹ 찹쌀구이의 가운데가 말랑말랑해지면 접시에 설탕을 약간씩 뿌린 다음 구운 찹쌀을 올리고 남은 설탕을 뿌린다.

참신하다, 참신해!
참마 호두구이

마는 날로 먹어야 효과적이라고 하지만 끈적끈적한 마를
좋아하는 아이는 많지 않을 거예요. 그래서 마를 갈아 전으로 부쳤더니
쫄깃쫄깃한 맛이 일품이네요. 편식이 심한 어른에게도 권하고 싶어요.

효자 식재료

참마 몸에는 참 좋다지만 특유의 미끈거리는 식감과 다양하지 않은 조리법으로 어른들도 즐겨 먹지 않는 참마. 마는 생으로 먹어도 소화가 잘되지만 입 짧은 아이라면 갈아서 구워 먹이세요.

2인분
요리 시간 10분

재료

마 1개
호두 2개
실파 2대
밀가루 1
소금 약간
올리브오일 적당량

대체 식재료

마 ▶ 감자
호두 ▶ 잣 또는 아몬드

아래, 위로 갈면 거칠게 갈아지므로 원형을 그리면서 갈아야 해요.

❶ 마는 껍질을 벗겨 강판에 원형을 그리며 간다.

❷ 호두는 곱게 다지고 실파는 송송 썬다.

마를 갈아두면 갈색으로 변하기도 하는데 그냥 먹어도 돼요.

❸ 갈아놓은 마에 호두, 실파, 밀가루 1을 넣고 골고루 섞은 다음 소금으로 간한다.

❹ 팬에 올리브오일을 약간 두르고 반죽을 한 숟가락씩 떠 넣은 후 앞뒤로 노릇하게 지진다.

25 아이용 삼겹살 요리
삼겹살 미니 꼬치구이

유난히 삼겹살을 좋아하는 어른들 때문에 아이들도 덩달아 삼겹살을 먹게 되는 것 같아요. 그래도 봄에는 황사 예방에 좋다고 해서 돼지고기를 챙겨 먹이게 돼요. 다양한 돼지고기 요리로 아이들의 입맛을 사로잡으세요.

효자 식재료

돼지고기 삼겹살은 국내 생산량이 소비량을 따라가지 못해 다양한 나라에서 냉동 상태로 수입되고 있어요. 국산 돼지고기는 모양이 고르지 않고 붉은색이 선명하며, 수입산은 비교적 검붉은 색을 띤다고 하니 기억하세요.

2인분
요리 시간 15분

재료

돼지고기 삼겹살 150g
소금·후춧가루 약간씩
깻잎 8장
떡볶이떡 100g
식용유 적당량

대체 식재료

떡볶이떡 ▶ 파프리카 또는 버섯
돼지고기 ▶ 쇠고기

카레가루를 뿌려도 좋아요.

❶ 돼지고기는 얇게 썬 삼겹살로 준비하여 소금과 후춧가루로 밑간한다.

❷ 깻잎은 물에 씻어 3cm 두께로 썬다.

❸ 삼겹살 위에 깻잎을 얹고 떡볶이떡을 넣어 돌돌 말아 꼬치에 2개씩 꿴다.

삼겹살 꼬치를 팬에 여러 번 구워야 할 때에는 한 번 굽고 나서 키친타월로 팬을 닦아내고 다시 구워야 타지 않고 잘 구워져요.

❹ 식용유를 약간만 두른 팬에 삼겹살 꼬치를 넣고 노릇노릇하게 지진다.

 배 불리 먹어도 좋은 날씬이 요리
오렌지맛 치킨구이

닭고기는 다른 육류보다 지방과 콜레스테롤은 낮고 단백질은 높은 식품이에요. 그런데 소아 비만은 성인병으로까지 연결될 수 있다고 하니 소아 비만을 예방하려는 엄마들에게 꼭 알려주고 싶은 레시피랍니다.

효자 식재료

오렌지 닭고기나 오리 등의 가금류 요리에는 단맛이 나는 오렌지나 자몽 소스가 잘 어울려요. 그러나 첨가물이 들어간 오렌지 주스보다는 신선한 오렌지즙을 이용하는 것이 좋아요.

2인분
요리 시간 35분

주재료
닭 가슴살 2조각
소금·후춧가루 약간씩
밀가루 1
피망 1/2개
당근 1/6개
오렌지 1/4개
식용유 적당량

오렌지 소스 재료
버터 1
오렌지즙 1컵
설탕 1.5
레몬즙 1
녹말물 1
소금 약간

대체 식재료
오렌지즙 ▶ 오렌지 주스

❶ 닭 가슴살은 칼집을 넣어 평평하게 살을 펴서 소금과 후춧가루를 뿌린 다음 밀가루 1을 골고루 뿌린다.

❷ 피망과 당근은 일정한 두께로 채 썰고 오렌지는 큼직하게 썬다.

❸ 닭 가슴살에 피망과 당근을 넣어 돌돌 말아 꼬치에 꿰어 식용유를 두른 팬에 굴려가며 노릇노릇하게 지진다.

❹ 꼬치를 빼내고 닭 가슴살을 2cm 두께로 잘라 그릇에 담는다.

❺ 냄비에 버터 1, 오렌지즙 1컵, 설탕 1.5, 레몬즙 1을 넣어 끓이다가 잘라놓은 오렌지를 넣어 10분 정도 졸인다.

❻ 오렌지 소스에 녹말물 1을 넣어 걸쭉하게 농도를 맞추고 소금으로 간하여 치킨구이에 곁들인다.

 생선 좋아!
흰살 생선구이

딸아이는 엄마의 식성을 쏙 빼닮아서 육류보다는 생선을 좋아하고 국물 요리는 잘 먹지 않아요. 혹 우리 아이의 편식이 걱정된다면 엄마, 아빠의 밥상부터 살펴보세요. 그래야 아이들의 편식을 고칠 수 있어요.

효자 식재료

흰살 생선 소아 비만이 걱정된다면 육류보다는 갈치나 도미, 가자미 등의 흰살 생선이나 두부 등의 대체 식재료로 포만감은 높이고 열량은 줄이는 게 현명해요. 흰살 생선을 튀겨 달콤한 소스에 먹이거나 오븐에 구워 간장 소스 등을 곁들여 먹이세요.

2인분
요리 시간 25분

주재료
흰살 생선(도미 또는 가자미) 250g
방울토마토 1개
샐러드 채소 약간

생선옷 재료
슬라이스 치즈 1장
풋고추 1/2개
홍고추 1/2개
소금·후춧가루 약간씩
빵가루 1/4컵
식용유 0.5

생선 밑간 재료
소금·후춧가루 약간씩
레몬즙 1/4개분

대체 식재료
고추 ▶ 피망

냉동 생선 코너에서 포장 판매하는 흰살 생선을 사용해도 돼요.

❶ 흰살 생선은 먹기 좋은 크기로 잘라 소금, 후춧가루, 레몬즙으로 밑간한다.

❷ 슬라이스 치즈는 잘게 다지고 풋고추와 홍고추는 반으로 갈라 씨를 빼고 잘게 다진다.

28
Another Recipe
흰살 생선 카레전

요리 시간 20분

재료 흰살 생선 8조각, 카레가루 1, 밀가루 2, 달걀 1개, 식용유 적당량

만드는 법 흰살 생선은 물기를 없애고 카레가루와 밀가루를 섞어 골고루 입히고 달걀은 잘 풀어서 흰살 생선에 입히세요. 팬에 식용유를 두르고 생선을 노릇노릇하게 지지세요.

❸ 다진 슬라이스 치즈, 홍고추, 풋고추에 소금과 후춧가루로 간하고 빵가루 1/4컵을 섞어 양념한 흰살 생선에 골고루 묻힌다.

생선구이에 방울토마토나 샐러드 채소를 곁들이면 아이들에게 채소를 먹일 수 있어요.

❹ 그릴이나 팬에 식용유를 두르고 생선을 넣어 노릇하게 구워 접시에 담고 방울토마토와 샐러드 채소를 곁들인다.

똘똘이 보약

견과류 누룽지

가끔씩 아이에게 누룽지 간식을 주는데, 누룽지에 견과류를 넣으면 맛도 좋고 두뇌 발달에도 좋을 것 같아 만들어봤어요. 만들어둔 누룽지는 그대로 먹거나 기름에 튀겨 먹어도 좋고, 물을 넣고 끓이면 구수한 누룽지죽이 돼요.

효자 식재료

견과류 두뇌 발달에 좋다는 것은 잘 알지만 그냥 먹이려면 아이들이 즐겨 먹지 않아 고민이 많죠? 견과류 누룽지를 만들어 먹이거나 잘게 다져 파운드케이크를 구워줘도 좋아요. 바쁜 워킹맘이라면 너트믹스 같은 제품을 활용해도 좋고요.

2인분
요리 시간 30분

오븐
200℃, 25분

재료
견과류
(호두, 호박씨, 잣, 아몬드 등)
1/4컵
현미밥 1공기
참기름 약간

대체 식재료
현미밥 ▶ 보리밥 또는 흰밥

❶ 견과류는 호두, 호박씨, 잣, 아몬드 등을 골고루 준비하여 잘게 다진다.

❷ 따끈한 현미밥에 견과류를 섞는다.

밥이 따끈해야 견과류와 잘 섞여요.

❸ 손에 참기름을 약간 바르고 과류를 섞은 현미밥을 납작하게 빚어 오븐 용기에 담는다.

❹ 200℃로 예열한 오븐에서 25분 정도 굽는다.

식용유를 두르지 않은 팬에서 은근한 불로 노릇노릇하게 구워도 돼요.

 꼭꼭 숨어라
고구마 크로켓

튀김 요리가 싫다고 절레절레 고개 흔드는 아이가 있을까요?
콜레스테롤이 높다고 무조건 튀김을 피할 일은 아니라고 생각해요.
집에서 깨끗한 식물성 기름으로 튀기는 엄마표 튀김은 아이들에게는
비타민과 같은 간식일지도 모르니까요.

효자 식재료

식물성 기름 포도씨유는 성인병을 예방하는 항산화 성분을 포함하고 있고 카놀라유는 식물성 기름 중 혈중 콜레스테롤 수치를 높이는 포화지방이 가장 적게 들어 있어요. 튀김기름용으로는 포도씨유와 카놀라유가 적당해요.

2인분
요리 시간 25분

주재료
고구마 2개
버터 2
소금 약간
롤 치즈 1줄
튀김기름 적당량

튀김옷 재료
밀가루 2
달걀 1개
빵가루 1/2컵

대체 식재료
롤 치즈 ▶ 모차렐라 치즈

찜통에 쪄도 돼요.

❶ 고구마는 씻어 껍질째 푹 삶아 껍질을 벗기고 뜨거울 때 으깨어 버터 2를 넣고 섞은 다음 소금으로 간한다.

❷ 롤 치즈는 1cm 두께로 자른다.

❸ 고구마를 한 순가락씩 큼직하게 떠서 롤 치즈를 넣어 크로켓 모양으로 만든다.

튀김기름에 빵가루가 떨어지면 타기 쉬우므로 튀기는 중간 중간 고운체로 빵가루를 걸러내세요.

❹ 밀가루 2, 달걀 1개, 빵가루 1/2컵 순으로 튀김옷을 입혀 180℃의 튀김기름에 노릇하게 튀긴다.

31 꼬투리 김밥

사이즈가 작아 김밥 옆구리 터질 일 없는 싸기 쉽고 먹기 편한 아이들을 위한 김밥이에요.

2인분
요리 시간 30분

주재료
흑미밥 2공기
김밥용 김 2장
당근(6cm) 1/2개
오이 1/2개
식용유 적당량
달걀 1개
단무지 4줄

밥 양념 재료
소금 · 참기름 · 깨소금 약간씩

대체 식재료
오이 ▶ 시금치, 부추

❶ 흑미밥에 소금, 참기름, 깨소금을 넣어 골고루 섞고 김은 8등분한다.

❷ 당근은 채 썰고 오이는 씨를 빼고 채 썰어 각각 팬을 달구어 식용유를 두르고 볶아 소금으로 간한다.

❸ 달걀은 지단을 부쳐 당근 길이로 채 썰고 단무지도 같은 길이로 썬다.

❹ 김에 밥을 얇게 펴고 채소를 올려 돌돌 만다.

2인분
요리 시간 30분

주재료

밥 2공기
김밥용 김 2장
깻잎 4장
참치(통조림) 1통
당근(2cm) 1/4개
오이 1/6개
단무지 약간
마요네즈 2
소금·후춧가루 약간씩
식용유 적당량

밥 양념 재료

소금·참기름·깨소금 약간씩

대체 식재료

참치 ▶ 닭 가슴살

참치 깻잎 김밥 32

평소 깻잎을 안 먹는 아이도 입을 오물거리며 맛있게 먹는 꼬마김밥이에요.

❶ 따끈한 밥에 소금, 참기름, 깨소금을 골고루 섞는다.

❷ 김은 4등분하고 깻잎은 깨끗하게 씻어 길이로 반 자른다.

❸ 참치는 기름기를 따라 내고 잘게 부수고 당근, 오이, 단무지는 다져 참치에 섞은 다음 마요네즈 2, 소금과 후춧가루 약간씩을 넣어 섞는다.

❹ 김에 밥을 얇게 깔고 자른 깻잎을 얹고 참치 샐러드를 올려 돌돌 만다.

33 단무지는 쏙 빠진
취나물 김밥

나물을 잘 먹는 아이는 그야말로 천연기념물처럼 흔치 않죠.
저 역시 나물맛은 어른이 되어서 알았으니까요. 그렇지만 엄마가 되니 딸아이에게
나물을 먹이고 싶은 욕심이 생겼어요. 그래서 탄생한 요리가 단무지는
쏙 뺀 취나물 김밥이에요.

효자 식재료

취나물 요즘은 말린 취나물도 쉽게 구할 수 있어요. 특유의 향긋한 향을 지닌 취나물은 고소한 참기름과 국간장에 무쳐 김밥을 만들면 아이들도 잘 먹어요. 취나물은 지방 축적을 억제하고 이뇨 작용도 돕는다고 하니 어른들도 챙겨 먹으면 좋답니다.

2인분
요리 시간 20분

주재료

밥 1공기+1/2공기
취나물 1줌
소금 약간
국간장·참기름 약간씩
김밥용 김 2장

밥 양념 재료

소금·참기름·깨소금 약간씩

대체 식재료

취나물 ▶ 냉이나물, 시금치나물

찬밥은 전자레인지에 2분 정도 돌려 따끈하게 데워야 양념 재료와 잘 섞여요.

❶ 밥에 소금, 참기름, 깨소금을 약간씩 넣어 골고루 섞는다.

마른 취나물은 물에 불려 부드럽게 삶아 물기를 꼭 짜서 양념하고 볶아서 사용하세요.

❷ 취나물은 끓는 물에 소금을 약간 넣고 줄기가 부드러워질 때까지 데쳐 찬물에 헹구어 물기를 꼭 짜고 국간장과 참기름 약간씩을 넣어 무친다.

일반 김은 불에 살짝 구워 사용하세요.

❸ 김밥용 김에 밥을 얇게 깐다.

❹ 밥 위에 취나물무침을 올리고 돌돌 말아 아이가 먹기 좋은 크기로 썬다.

34. 썰고, 볶고, 말고
모둠 버섯쌈

버섯은 독특한 향과 식감 때문에 아이들이 좋아하는 식재료는 아닌데요.
버섯쌈은 아이들이 거부감 없이 버섯 음식을 좋아할 수 있도록 만든 간식이에요.
버섯에는 섬유질이 풍부해서 변비가 있는 아이에게는
버섯 요리가 자연에서 온 음식 처방전이에요.

효자 식재료

라이스페이퍼 쌀로 만든 베트남 식재료인 라이스페이퍼. 밀가루로 만든 만두피 대신 라이스페이퍼로 롤이나 튀김을 만들면 식감도 좋고 소화도 잘돼요.

2인분
요리 시간 20분

재료
라이스페이퍼 10장
표고버섯 2개
느타리버섯 3가닥
팽이버섯 1/4봉
애호박 1/6개

당근 1/8개
대파 1대
양파 1/2개
굴소스 0.3
식용유 적당량
소금 · 후춧가루 약간씩

대체 식재료
애호박 ▶ 피망, 파프리카
굴소스 0.3

❶ 표고버섯과 느타리버섯은 채 썰고 팽이버섯은 밑동을 잘라내고 손으로 적당히 뜯는다.

❷ 애호박, 당근, 대파, 양파는 곱게 채 썬다.

볶은 채소는 완전히 식혀 사용해야 쉽게 상하지 않아요.

❸ 팬에 식용유를 두르고 단단한 채소를 먼저 볶다가 버섯을 넣고 2분 정도 볶아 굴소스 0.3과 소금, 후춧가루로 간한다.

오래 담가두면 라이스페이퍼가 불어서 찢어지기 쉬워요.

❹ 라이스페이퍼는 찬물에 살짝 담갔다가 건진다.

❺ 라이스페이퍼에 볶은 채소를 올려 돌돌 만다.

❻ 모둠 버섯쌈을 팬에 넣어 노릇노릇하게 구워 그릇에 담는다.

 **35**

엄마 사랑 한 숟가락
콩가루말이 밥

어렸을 때 밥 먹기 싫어서 배가 아프다고 거짓말을 하면
친정엄마가 만들어주셨던 사연 많은 음식이에요.
엄마가 된 지금 생각해보니 고소한 콩가루말이 밥은 영양도 뛰어나고 한입에 쏙 들어가 먹기에
도 좋은 엄마의 사랑이 듬뿍 들어간 별미였어요.

효자 식재료

콩가루 농협 등에서 국산 콩가루를 구입해 사용하면 편리해요. 요즘에는 방앗간에 가도 수입산 콩가루를 더 많이 판매하니 콩이 많이 나는 가을에 백태나 검은콩을 넉넉히 구입하여 가을볕에 잘 말렸다가 분쇄기에 곱게 갈아 이용하세요.

2인분
요리 시간 30분

재료
찹쌀 1컵
물 1컵
소금 약간
팥앙금 4
콩가루 1/4컵

대체 식재료
콩가루 ▶ 미숫가루, 선식

❶ 찹쌀은 씻어 물에 30분 정도 불려 물 1컵과 소금 약간을 넣어 고슬고슬하게 밥을 지어 식힌다.

❷ 김발 위에 랩을 깔고 식힌 찹쌀밥을 넓게 깔고 팥앙금을 넣어 돌돌 만다.

볶은 콩가루를 구입해서 사용하세요.

❸ 접시에 콩가루를 펴 담고 찹쌀밥을 굴려가며 콩가루를 골고루 입힌다.

칼에 물을 묻혀가며 썰면 잘 썰려요.

❹ 먹기 좋은 크기로 썬다.

채소 공부는 덤
토마토 볶음밥

아이에게 퀴즈를 내보세요. "토마토는 과일일까? 채소일까?"
토마토는 열매를 식용하는 열매채소예요. 가지, 수박, 오이, 참외, 호박도
토마토와 같은 열매채소라고 아이에게 알려주세요.

효자 식재료

토마토 토마토의 리코펜 성분은 열에 강하고 기름에 잘 녹아 올리브오일과 함께 익혀 먹어도 좋아요. 또 토마토를 우유나 치즈와 함께 먹으면 토마토에 부족한 칼슘을 보충할 수 있어 좋아요.

2인분
요리 시간 20분

재료
달걀 1개
소금 약간
토마토 1개
피망 1/4개
양파 1/4개
잔새우 1

밥 1공기+1/2공기
참치 한스푼 0.5
소금·후춧가루·검은깨 약간씩
올리브오일 적당량

대체 식재료
토마토 ▶ 파인애플
참치 한스푼 0.5 ▶ 간장 1

> 토마토와 궁합이 잘 맞는 식품으로는 우유, 치즈, 육류, 기름이 있어요.

❶ 달걀은 소금을 넣고 잘 풀어 올리브오일을 두른 팬에 스크램블한다.

❷ 토마토는 반으로 잘라 씨를 빼내어 깍두기 모양으로 썰고 피망과 양파는 굵게 다진다.

> 토마토는 살짝 익혀 먹으면 훨씬 맛이 좋아요.

❸ 팬에 올리브오일을 두르고 양파와 잔새우를 볶다가 양파가 투명해지면 밥을 넣어 볶는다.

❹ 참치 한스푼 0.5와 소금, 후춧가루로 간하고 피망과 토마토를 넣어 볶은 다음 달걀을 넣어 섞고 검은깨를 뿌린다.

37 이탈리아 스타일
잣 베이컨 볶음밥

이탈리아의 밥 요리인 리조토를 응용해서 만들어보았어요.
볶음밥은 일반적으로 밥을 활용하지만 리조토는 쌀에 육수를 넣어가며
볶아 만드는데요. 쌀알이 꼬들꼬들하게 씹히는 것이 특징이에요.
특색 있는 볶음밥이니 수프 볼이나 그라탱 그릇에 담아줘도 좋을 것 같아요.

효자 식재료

잣 호두나 땅콩보다 많은 철분을 함유하고 있어 빈혈에 좋지만 너무 많이 먹으면 배탈이 나기 쉬우니 주의하세요. 또 국산 잣은 씨눈이 거의 붙어 있지 않고 표면에 상처가 많고 색이 변한 낟알이 적어요.

2인분
요리 시간 25분

재료
쌀 1컵
닭 가슴살 1조각
베이컨 4줄
양파 1/2개
잣 2
식용유 2

물 1컵
카레가루 0.5
소금·후춧가루 약간씩
파슬리가루 약간

대체 식재료
닭고기 ▶ 새우살

❶ 쌀은 물에 씻어 체에 건져 물기를 뺀다.

❷ 닭 가슴살, 베이컨, 양파는 1cm 크기로 썬다.

❸ 잣에서 고깔을 떼어낸다.

❹ 팬에 식용유 2를 두르고 닭 가슴살, 베이컨, 양파를 넣어 볶다가 어느 정도 익으면 쌀을 넣어 쌀알이 투명해질 때까지 볶는다.

❺ 물 1컵에 카레가루 0.5, 소금과 후춧가루 약간씩을 넣어 멍울지지 않게 잘 풀어 볶음밥에 넣어 계속 볶는다.

❻ 쌀이 거의 익으면 잣을 넣어 볶은 다음 파슬리가루를 뿌린다.

38 야무진 엄마가 선택한
쇠고기 브로콜리 볶음밥

쇠고기에는 아이들의 성장 발육에 꼭 필요한 라이신과 철분이 풍부해요.
성장기 어린이에게 꼭 필요한 식품인 쇠고기의 영양을 온전히 섭취하려면
채소와 참기름을 넉넉히 넣어 요리하세요.

효자 식재료

브로콜리 줄기에 섬유질이 많아서 버리게 되는데 껍질을 벗기듯이 섬유질을 벗겨내고 잘게 썰어서 사용하면 알뜰하게 먹을 수 있어요. 아이들에게 식재료나 음식을 함부로 버리지 않는 자연주의 교육도 함께 시키세요.

2인분
요리 시간 20분

주재료
다진 쇠고기 100g
브로콜리 1/2송이
식용유 2
밥 2공기
소금·후춧가루 약간씩

쇠고기 양념 재료
간장 1
설탕 0.5
다진 파 1
다진 마늘 0.5
참기름 1
깨소금 0.5
후춧가루 약간

대체 식재료
쇠고기 ▶ 닭고기 또는 새우살, 햄
브로콜리 ▶ 시금치 또는 피망, 완두콩

❶ 다진 쇠고기는 간장 1, 설탕 0.5, 다진 파 1, 다진 마늘 0.5, 참기름 1, 깨소금 0.5, 후춧가루 약간을 넣고 조물조물 버무린다.

❷ 브로콜리는 작은 송이로 떼어 끓는 물에 소금을 약간 넣고 살짝 데쳐 찬물에 헹구고 물기를 뺀다.

쇠고기는 센 불에 재빨리 볶아야 맛있어요.

❸ 팬에 식용유 2를 두르고 양념한 쇠고기를 넣어 볶다가 데친 브로콜리를 넣고 볶는다.

❹ 쇠고기와 브로콜리가 익으면 밥을 넣고 가볍게 섞으면서 밥알에 윤기가 돌도록 볶은 다음 소금과 후춧가루로 간한다.

 수다 가족으로 이끄는 특식
카레 주먹밥

어렸을 때 밥을 먹으면서 이야기라도 할라치면 부모님께 혼났어요.
지금은 밥상에서가 아니면 아이들 얼굴 보며 짧은 대화를 나누기도 어려운 시대인데요.
먹기 쉬운 주먹밥을 만들어 먹이면서 아이들과 이런저런 이야기를 나눠보세요.

효자 식재료

깨 요리의 고명으로 숨은 맛 선생으로 활약하는 깨. 주먹밥을 만들 때는 다른 요리보다 더 넉넉히 깨를 넣어요. 아이가 먹는 음식에는 특히 참깨나 검은깨를 사용하면 좋아요.

2인분
요리 시간 30분

주재료
쌀 1컵
카레가루 0.5
잔멸치 2
조미김 3장
통깨 0.5
검은깨 0.5

밥 양념 재료
참기름 1
소금 약간

대체 식재료
카레가루 ▶ 치자가루

> 밥은 지어 김이 빠지면 잘 섞어두어야 고소고슬해요. 그대로 두면 덩어리져 주먹밥을 만들기 힘들어요.

❶ 쌀은 씻어서 20분 정도 물에 불려 카레가루 0.5를 넣어 밥을 지어 뜸이 들면 주걱으로 대강 섞는다.

❷ 잔멸치는 잡티를 제거하고 기름을 두르지 않은 팬에 바삭하게 볶는다.

❸ 조미김은 가위로 잘게 썬다.

> 아이들이 좋아하는 캐릭터 모양틀을 이용해 주먹밥을 만들면 좋아요.

❹ 밥은 참기름 1과 소금 약간으로 간하고 볶은 잔멸치, 조미김, 통깨 0.5, 검은깨 0.5를 넣어 골고루 섞어 주먹밥을 만든다.

 요리로 세계 여행, 태국 편
팟타이

요즘은 해외여행을 하거나 외식을 많이 하니 아이들도 외국 음식을 잘 받아들이는 것 같아요. 팟타이는 태국의 대표적인 볶음 국수예요. 우리 입맛에도 잘 맞는 엄마표 태국 요리로 아이들과 즐거운 시간을 보내세요.

효자 식재료

마른 새우 뼈 성장에 좋은 칼슘을 섭취하려면 우유와 멸치 외에 마른 새우를 먹여도 좋아요. 마른 새우는 단백질이 60% 정도 되며 칼슘, 무기질, 비타민도 풍부하다고 해요.

2인분
요리 시간 20분

재료
쌀국수(볶음용) 100g
닭 안심 2조각
실파 2대
식용유 3
다진 양파 3
마른 새우 2

물 3
설탕 1
피시 소스 3
레몬 주스 1
달걀 1개
숙주 80g
레몬 약간

대체 식재료
피시 소스 ▶ 멸치액젓 또는 까나리액젓

❶ 쌀국수는 따끈한 물에 20분 정도 담가 물기를 뺀다.

❷ 닭 안심은 한입 크기로 썰고 실파는 2cm 길이로 썬다.

다진 양파가 갈색이 돌면 마른 새우를 넣으세요.

❸ 팬에 식용유 3을 두르고 다진 양파를 넣어 볶다가 마른 새우를 넣어 살짝 볶다가 닭고기를 넣어 볶는다.

❹ 이어서 쌀국수를 넣어 볶다가 물 3, 설탕 1, 피시 소스 3, 레몬 주스 1을 넣어 섞은 다음 팬의 한쪽으로 몰아 둔다.

❺ 달걀은 잘 풀어 한쪽 팬에서 볶아 쌀국수와 섞는다.

숙주는 마지막에 생으로 넣어야 아삭한 맛을 즐길 수 있어요.

❻ 불을 끄고 숙주와 실파를 넣어 버무린다.

자극적인 맛 실종 사건
쟁반 짜장

중국에서는 맛볼 수 없는 중국 요리의 대명사 하면 짜장면이죠.
짜장면 마다하는 아이는 드물지만 자극적인 맛 하면 떠오르는 대표적인 음식이니….
아이가 짜장면 노래를 부르면 엄마의 사랑이라는 조미료를 꺼내 직접 만들어 준답니다.

효자 식재료

춘장 반드시 기름에 볶아서 요리에 넣어야 맛이 부드러워요. 또 짜장가루보다는 춘장으로 만들어야 훨씬 맛있고요. 최근에는 우리 쌀로 만든 춘장도 구입할 수 있어요.

2인분
요리 시간 25분

주재료
새우살 1/2컵
소금 약간
애호박 1/4개
양파 1/2개
양배추 2장
대파 1/4대
생면(짜장면용) 2인분

다진 마늘 2
다진 생강 약간
다진 돼지고기 100g
무순 약간

양념 재료
식용유 3
볶은 춘장 3
청주 2
굴소스 1
간장 0.5
설탕 0.5
물 1컵
녹말물 1
참기름 약간

❶ 새우살은 엷은 소금물에 씻어 건진다.

❷ 애호박, 양파, 양배추는 1cm 크기로 썰고 대파는 굵게 다진다.

❸ 끓는 물에 소금을 넣고 생면을 3분 정도 삶아 찬물에 헹구어 물기를 빼고 접시에 담는다.

춘장은 팬을 달구어 식용유를 넉넉히 두르고 은근한 불에서 한 덩어리가 되도록 볶으세요.

❹ 팬에 식용유 3을 두르고 대파, 다진 마늘, 다진 생강 약간을 넣어 볶다가 마늘향이 나면 다진 돼지고기와 새우살을 넣어 볶는다.

❺ 이어서 볶은 춘장 3을 넣어 볶다가 애호박, 양파, 양배추를 넣고 살짝 볶다가 청주 2, 굴소스 1, 간장 0.5, 설탕 0.5를 넣어 볶다가 물 1컵을 넣고 끓여 짜장 소스를 만든다.

짜장 소스가 남으면 밥 위에 얹어 짜장밥을 만들어주세요.

❻ 국물이 끓으면 녹말물 1을 넣어 걸쭉하게 농도를 맞추고 참기름 약간을 넣어 섞고 짜장 소스를 담은 다음 무순을 올린다.

42 더운 여름 입맛 전쟁이 벌어졌을 때

시원한 소면

아이가 "라면, 라면" 노래를 부르면 아예 안 먹일 수야 없겠지만,
라면보다는 소면이나 쌀국수를 넣은 면 요리를 만들어주세요.
차가운 소면은 더운 여름 입맛 없는 아이를 위한 특별 간식이에요.

효자 식재료

소면 기계로 뽑아 면이 일정한 소면과 손으로 만들어 두께가 조금씩 다른 소면이 있어요. 삶은 후에도 식감이 오래 유지되며 생밀가루 냄새가 적은 은성식품의 수연소면을 추천해요. www.goodtable.co.kr에서 구입할 수 있어요.

2인분
요리 시간 25분

주재료
닭 안심 2조각
새우살 1컵
오이 1/4개
무순 1/2팩
소면 200g
소금 약간

장국 재료
다시마(10×10cm) 1장
물 2컵
가다랑어포(가츠오부시) 1/2줌
간장 4
맛술 4
생강즙·실파 약간씩

닭 밑간 재료
청주 적당량
소금·후춧가루 약간씩

대체 식재료
소면 ▶ 메밀국수

❶ 물 2컵에 다시마 1장을 넣어 국물이 끓으면 가다랑어포 1/2줌을 넣는다. 불을 끄고 20분 정도 지나면 다시마와 가다랑어포는 체로 걸러내고 간장 4와 맛술 4를 넣고 팔팔 끓여 차게 식힌다.

❷ 닭 안심은 청주, 소금, 후춧가루를 약간씩 뿌려두었다가 찜통에 찌거나 끓는 물에 삶아서 식히고 가늘게 찢는다.

❸ 새우살은 끓는 물에 소금을 약간 넣고 데쳐서 익으면 건져 물기를 뺀다.

❹ 오이는 채 썰고 무순은 찬물에 담갔다가 건져 물기를 뺀다.

❺ 냄비에 물을 넉넉히 붓고 끓어오르면 소금을 약간 넣고 소면을 넣어 저어가며 삶아 찬물에 담가 손으로 비벼 씻어 건져 물기를 뺀다.

❻ 그릇에 소면을 담고 닭고기, 새우, 오이채, 무순은 따로 담아내고 생강즙과 송송 썬 실파와 장국을 곁들인다.

> 장국에 생강즙을 아주 약간만 풀고 송송 썬 실파를 넣은 다음 소면, 닭고기, 새우 등을 적셔 먹으면 돼요.

 엄마와 아이의 공동 작업
단호박 수제비

딸아이는 수제비를 만들 때면 고사리손으로 꼭 거들어요.
반죽을 주무르는 느낌이 좋은가 봐요. 수제비 만드는 날은 딸아이가 편식하지 않고
수제비 한 그릇을 비우는 날이기도 해서 효도의 날이라고 부른답니다.

효자 식재료

단호박 호박은 품종에 따라 영양 성분도 달라지고 잘 익을수록 단맛이 증가한다고 해요. 겉껍질이 단단한 단호박의 당분은 소화 흡수가 잘 되어 아이들 간식으로 먹이면 좋아요.

44

Another Recipe

단호박 우유

요리 시간 5분

재료 찐 단호박 1/6개, 우유 2컵, 소금 약간

만드는 법 믹서에 찐 단호박, 우유, 소금을 넣어 곱게 갈아요.

2인분
요리 시간 30분

주재료
감자 1/2개
양파 약간
바지락 1/2봉
소금 약간
대파 1/4대
물 3컵
된장 2
국간장 1
다진 마늘 0.3

반죽 재료
밀가루 1컵
찐 단호박 3~4
소금 약간

> 단호박은 찜통에 찌거나 전자레인지에 익혀 으깨 넣는데 단호박의 수분 함량에 따라 넣는 양을 조절하세요.

❶ 밀가루, 찐 단호박 3~4, 소금 약간을 섞어 말랑말랑하게 반죽한다.

❷ 감자는 껍질을 벗겨 납작하게 썰고 양파는 굵게 다진다.

❸ 바지락은 옅은 소금물에 30분 정도 담가 해감한다.

❹ 대파는 송송 썬다.

> 된장은 체에 풀어 넣으세요.

❺ 냄비에 물 3컵을 넣고 된장 2와 국간장 1을 넣고 바지락을 넣어 끓이다가 입을 벌리면 거품을 걷어내고 감자를 넣어 끓인다.

> 반죽이 손에 붙지 않도록 물칠을 하면서 떼어 넣으세요.

❻ 감자가 익으면 수제비를 얇게 떼어 넣고 2~3분 정도 끓인 다음 송송 썬 대파와 다진 마늘을 넣는다.

황금 똥을 누는 아이
고구마 기장죽

요즘 어릴 때부터 아이들도 변비가 있다고 해요.
편안하게 화장실을 잘 가지 못하는 데다 인스턴트 음식도 자주 먹게 되어서 그런 것 같아요.
섬유질이 많은 고구마 요리로 아이들을 행복하게 해주세요.

효자 식재료

기장 고구마 기장죽을 먹이면서 우리 땅에서 신석기 시대부터 먹어왔다는 기장에 대해서도 설명해주세요. 벼와 비슷한 잡곡으로 밥을 지어 먹거나 떡을 만들어 먹는다고요.

2인분
요리 시간 25분

재료
고구마 1개
물 4컵
기장 1/4컵
소금 약간

대체 식재료
기장 ▶ 조, 수수, 녹두

기장은 단백질이 쌀보다 풍부하지만 소화율은 떨어지니 많은 양을 자주 먹이지 마세요.

❶ 고구마는 껍질을 벗겨 큼직하게 썰어 냄비에 물 1컵을 붓고 삶아 부드럽게 익으면 주걱으로 대충 으깬다.

❷ 기장은 깨끗이 씻어 물에 20분 정도 불린다.

고구마의 단맛은 소금을 약간 넣어야 더 달게 느껴져요.

❸ 냄비에 으깬 고구마, 불린 기장, 나머지 물 3컵을 넣어 나무 주걱으로 저어가며 15~20분 정도 끓인다.

❹ 기장이 퍼지면 소금으로 간한다.

46 떡산적

냉동실에 자리를 차지하고 있는 가래떡과 쇠고기로 영양 만점 별미 간식을 만들었어요.

2인분
요리 시간 25분

주재료
쇠고기(불고기감) 200g
가래떡(20cm) 1줄
올리브오일 적당량

양념 재료
간장 2
설탕 0.5
물엿 1
청주 1
다진 파 1
다진 마늘 0.5
깨소금 0.3
참기름 0.5
후춧가루 약간

❶ 쇠고기는 먹기 좋은 크기로 썰어 간장 2, 설탕 0.5, 물엿 1, 청주 1, 다진 파 1, 다진 마늘 0.5, 깨소금 0.3, 참기름 0.5, 후춧가루 약간을 넣어 조물조물 버무려 10분 정도 재운다.

❷ 가래떡은 3cm 길이로 썰어 다시 반으로 썬다.

❸ 불고기와 떡을 번갈아 가며 꼬치에 꿴다.

❹ 팬이나 그릴에 올리브오일을 두르고 꼬치를 앞뒤로 노릇노릇하게 굽는다.

2인분
요리 시간 25분

재료
단호박 1/4개
소금 약간
밀가루 1/2컵
식용유 적당량

대체 식재료
단호박 ▶ 늙은 호박

단호박전 47

전은 부칠 때 고소한 향이 나 식욕을 돋우게 하니
아이가 유난히 입맛 없어할 때 전을 만든답니다.

호박 속의 실 같은 것은 긁어 버리지 말고 그대로 넣으세요.

❶ 단호박은 씨를 빼내고 껍질을 벗긴다.

❷ 손질한 단호박을 곱게 채 썬다.

❸ 채 썬 단호박에 소금을 약간 넣고 3분 정도 살짝 절여 물기가 생기면 밀가루를 넣어 반죽한다.

❹ 팬에 식용유를 두르고 단호박 반죽을 한 숟가락씩 떠 넣어 앞뒤로 노릇하게 지진다.

봄날의 부침개

쑥전

후배 딸아이가 가장 좋아하는 간식이 글쎄 쑥전이래요.
'어린애가 무슨 쑥전이야' 할지 모르지만 진짜 맛있는 음식은 아이들이 더 잘 알더라고요. 얇게 부친 바삭한 쑥전은 봄이 되면 아이들에게 꼭 만들어주고 싶은 우리 음식이에요.

효자 식재료

쑥 냉이나 달래와 함께 봄을 알리는 쑥. 끓는 물에 소금을 약간 넣고 데쳐 찬물에 헹구어 냉동실에 보관했다가 전을 부치거나 쑥떡을 만들어 간식으로 먹이면 좋아요. 쑥에는 눈 건강에 좋은 비타민 A와 항산화 성분인 비타민 C가 풍부해요.

2인분
요리 시간 15분

주재료

쑥 1줌
소금 약간
빨강 피망 1/4개
부침가루 1컵
물 1컵+1/5컵
식용유 적당량

초간장 재료

간장 1
식초 1
맛술 1

대체 식재료

부침가루 ▶ 메밀가루, 도토리묵가루

쑥은 향이 강하므로 조그만 넣고 얇게 부쳐야 바삭해서 아이들이 먹기 좋아요.

❶ 쑥은 잡티를 제거하고 끓는 물에 소금을 약간 넣고 살짝 데쳐 찬물에 헹구어 물기를 빼고 송송 썬다.

부침가루에는 간이 되어 있어 따로 소금 간을 하지 않아도 돼요.

❷ 빨강 피망은 곱게 다지고 부침가루에 물 1컵+1/5컵을 넣어 멍울이 지지 않게 잘 풀어 쑥과 빨강 피망을 넣어 잘 섞는다.

❸ 팬에 식용유를 두르고 반죽을 얇게 펴서 앞뒤로 노릇노릇하게 지진다.

❹ 간장 1, 식초 1, 맛술 1을 섞어 초간장을 만들어 곁들인다.

비오는 날 집에서 즐기는 요리 놀이

감자전

기름진 음식은 아이들도 어른들도 좋아하지요. 고소한 향이 후각을 자극해 입맛을 동하게 하기 때문이에요. 비가 오는 날 아이들과 함께 놀이 삼아 감자를 갈아서 지글지글 기름을 두르고 감자전을 부치세요.

효자 식재료

감자 스페인에서는 색과 모양 때문에 '악마의 열매'라 불렸다는 감자. 오늘날에는 세계인을 먹여 살리는 주요 작물로 대접받고 있지요. 구워도, 튀겨도, 끓여도 영양 파괴가 적다는 점도 감자의 매력이에요.

2인분
요리 시간 20분

주재료

감자 2개
소금 약간
녹말가루 2
호박 1/6개
표고버섯 2개
당근 약간
식용유 적당량

초간장 재료

간장 2
식초 1
설탕 0.3

대체 식재료

감자 ▶ 연근 또는 마, 고구마

믹서에 갈아도 되지만 강판에 갈아야 훨씬 맛있어요.

❶ 감자는 껍질을 벗기고 강판에 갈아 체에 걸러 물기를 뺀다.

감자는 갈아두면 아래로 녹말이 가라앉으니 반죽한 다음 전을 부치기 전에 다시 잘 섞어서 부치세요.

❷ 감자에 소금으로 간하고 녹말가루 2를 넣어 반죽한다.

❸ 호박, 표고버섯, 당근은 곱게 채 썰어 감자에 넣어 섞고 팬에 식용유를 두르고 한 숟가락씩 떠서 앞뒤로 노릇노릇하게 지진다.

❹ 간장 2, 식초 1, 설탕 0.3을 섞어 초간장을 만든 다음 감자전에 곁들인다.

 당신들이 진정 금상첨화

참치 두부부침

방과 후에 한문교실에 다니는 딸아이가 요즘 자주 쓰는 사자성어는 '금상첨화'예요.
뜻이 뭐냐고 물으니 좋은 것에 또 좋은 것을 더한 것이라고 설명하네요.
참치에 두부를 넣어 만든 메뉴에 쓰면 좋을 사자성어입니다.

효자 식재료

참치 통조림 참치에는 오메가3 지방산이 풍부한데 이 지방산이 부족하면 주의력결핍과잉행동장애, 집중력이나 기억력의 저하 등의 증상이 나타나는 것으로 알려져 있어요.

2인분
요리 시간 20분

재료

참치(통조림) 1/2통
두부 1/4모
당근 약간
실파 1대
달걀 1개
참치 한스푼 1
소금·후춧가루 약간씩
식용유 적당량

대체 식재료

참치 ▶ 생선살, 새우살
참치 한스푼 1 ▶ 굴소스 0.3

참치 대신 생선살이나
새우살로 만들 때에는
믹서에 곱게 갈거나
칼로 곱게 다져
사용하세요.

❶ 참치는 체에 담아 숟가락으로 꼭꼭 눌러 기름기를 완전히 뺀다.

❷ 두부는 칼등으로 곱게 으깨고 당근과 실파는 곱게 다진다.

❸ 볼에 참치, 두부, 당근, 실파를 넣고 달걀을 넣어 잘 섞은 다음 참치 한스푼 1과 소금, 후춧가루로 간한다.

사용하고 남은
참치는 밀폐용기에
담아 보관하세요.

❹ 팬에 식용유를 두르고 반죽을 한 숟가락씩 떠 넣어 노릇하게 지진다.

백 점 만점에 몇 점 줄래?

떡 버섯찜

오이소박이처럼 떡에 여러 가지 재료를 쏙쏙 넣어 만들었어요.
모양이 예뻐 아이들이 흥미를 갖고 먹어요. 가래떡은 특히 간장 양념과 잘 어울리니
냉동실에 가래떡이 있다면 간장을 넣어 아이들이 좋아하는 떡볶이를 만들어도 좋아요.

효자 식재료

가래떡 요즘 갖가지 천연재료로 색을 낸 다양한 색깔의 가래떡을 만날 수 있어요. 평소 먹는 음식과 다른 모양과 색을 지닌 요리에 아이들은 민감하게 반응하거든요. 다양한 색의 가래떡으로 아이들의 오감을 만족시키세요.

✳︎

2인분
요리 시간 30분

주재료
가래떡 2줄
표고버섯 2개
느타리버섯 30g
다진 쇠고기 50g

쇠고기 양념 재료
간장 0.5
설탕 0.3
다진 파 1
다진 마늘 0.3
참기름 · 후춧가루 약간씩

양념 재료
간장 2
물엿 1.5
청주 1
물 1/2컵

52
Another Recipe

크림소스 떡볶이

요리 시간 25분

재료 베이컨 2줄, 양파 1/4개, 물 1컵, 크림수프(1인분) 1봉, 떡볶이떡 200g, 소금 · 후춧가루 약간씩

만드는 법 베이컨과 양파는 채 썰어 팬에 베이컨을 볶다가 양파를 볶아요. 물과 크림수프를 넣고 끓이다가 떡을 넣어 끓인 다음 소금과 후춧가루로 간하세요.

딱딱한 떡은 끓는 물에 살짝 데쳐 사용해요.

❶ 가래떡은 2cm 길이로 썰어 열십자로 칼집을 넣는다.

❷ 표고버섯은 밑동을 잘라내어 곱게 다지고 느타리버섯은 곱게 다진다.

❸ 다진 쇠고기에 간장 0.5, 설탕 0.3, 다진 파 1, 다진 마늘 0.3, 참기름과 후춧가루 약간씩을 넣어 조물조물 무친다.

❹ 양념한 쇠고기에 표고버섯과 느타리버섯을 넣어 섞는다.

❺ 가래떡의 칼집에 ④를 꾹꾹 채워 넣는다.

❻ 냄비에 간장 2, 물엿 1.5, 청주 1, 물 1/2컵을 넣고 끓으면 떡을 넣어 은근한 불로 국물을 끼얹으며 5분 정도 익힌다.

비밀의 채소 요리
콩나물 채소만두

가끔 국수를 먹으러 가는 식당에서 서두르지 않으면 먹을 수 없는 만두가 있어요.
이 식당의 만두소는 계절마다 달라서 봄에는 봄동, 여름에는 얼갈이나 부추,
가을과 겨울에는 배추, 때때로 숙주나 콩나물을 넣기도 해요.
아이들에게도 다양한 맛의 만두를 만들어 먹이세요.

효자 식재료

콩나물 콩나물을 살 때는 수입산 콩이나 유전자 조작 콩으로 만든 건 아닌지 꼼꼼하게 따지세요. 그래도 못 미더우면 국산 대두나 검은콩을 구입하여 콩나물 재배기를 이용해 직접 길러 먹으면 좋아요.

2인분
요리 시간 35분

주재료
봄동 1포기
소금 약간
콩나물 1줌
두부 1/4모
만두피(시판용) 1/2팩

소 양념 재료
다진 파 1
다진 마늘 0.5
참기름 0.5
국간장 0.5
깨소금 1
소금·후춧가루 약간씩

대체 식재료
봄동 ▶ 양배추, 배추

❶ 봄동은 끓는 물에 소금을 약간 넣고 데쳐서 송송 썰어 물기를 꼭 짠다.

❷ 콩나물은 끓는 물에 소금을 약간 넣고 뚜껑을 덮고 익혀 송송 썬다.

❸ 두부는 면포로 물기를 꼭 짜서 칼등으로 으깬다.

깨소금은 통깨에 소금을 약간 넣고 곱게 빻은 것으로 통깨보다 훨씬 고소해요.

❹ 봄동, 콩나물, 두부를 섞고 다진 파 1, 다진 마늘 0.5, 참기름 0.5, 국간장 0.5, 깨소금 1, 소금과 후춧가루 약간씩을 넣어 조물조물 무친다.

❺ 만두피에 소를 넣어 빚는다.

끓는 물에 소금을 약간 넣고 2~3분 정도 삶아서 건져도 돼요.

❻ 김이 오른 찜통에 만두를 넣어 5분 정도 찐다.

54 자투리 김밥 재료가 활약한

스마일 라이스 오믈렛

소풍 김밥을 싸고 나면 재료가 꼭 남죠! 자투리 재료까지 맛있게 먹으면 좋잖아요!
김밥 싸고 남은 재료로 만든 오믈렛 레시피예요.

효자 식재료

새우 새우가 귀할 때는 칵테일새우를 쓸 수밖에 없지만 제철일 때는 싱싱한 새우를 구입하여 아이가 단백질과 칼슘을 충분히 섭취할 수 있도록 하세요. 칵테일새우란 꼬리만 남기고 껍질을 벗겨 내장을 제거한 냉동 새우를 말해요.

2인분
요리 시간 25분

주재료

달걀 2개
소금·후춧가루 약간씩
배추김치 1장
새우살 1/4컵
양파 1/6개
피망 1/4개

식용유 적당량
밥 1공기
토마토케첩 2
후춧가루 약간

장식용 재료

토마토케첩·삶은 메추리알·
블랙 올리브 적당량씩

대체 식재료

새우 ▶ 쇠고기, 돼지고기, 닭
고기

달걀에 소금을 넣어
미리 풀어두면
달걀흰자와 노른자가
잘 섞여요.

❶ 달걀은 소금과 후춧가루를 뿌려 잘 푼다.

❷ 배추김치는 송송 썰고 새우살은 소금물에 씻어 건지고 양파와 피망은 굵게 다진다.

따끈한 밥을 넣어야
다른 재료와 잘
어우러지고 밥도
촉촉해요.

❸ 팬에 식용유를 두르고 양파와 새우를 넣어 볶다가 새우가 붉게 변하면 배추김치를 볶다가 밥을 넣어 볶는다.

우유를 약간 넣어
섞고 중간 불로
익히면 부드러운
오믈렛을 만들 수
있어요.

❹ 토마토케첩 2를 넣어 볶다가 피망을 넣고 후춧가루를 약간 뿌린다.

❺ 작은 팬에 풀어놓은 달걀의 반을 넣어 익혀 국그릇에 담고 볶은 밥을 넣어 뒤집어 동그란 라이스 오믈렛을 만든다.

❻ 접시에 담고 토마토케첩, 삶은 메추리알, 블랙 올리브로 장식한다.

시금치가 무서운 아이에게
시금치 두부 오믈렛

시금치 하면 '뽀빠이'와 여자 친구 올리브가 떠올라요. 저 역시 〈뽀빠이〉 만화를 보고 시금치를 꼭 먹어야겠다고 다짐하곤 했어요. 요즘 아이들은 나물 반찬을 보기만 해도 무섭다고 하니 엄마의 지혜를 발휘해 아이들이 좋아하는 요리를 만드세요.

2인분
요리 시간 20분

재료
달걀 3개
소금 · 후춧가루 약간씩
시금치 1줌
두부 1/4모
옥수수(통조림) 2
식용유 적당량
토마토케첩 적당량

대체 식재료
옥수수 ▶ 완두콩, 당근

❶ 달걀에 소금과 후춧가루를 넣고 잘 푼다.

❷ 시금치는 끓는 물에 소금을 약간 넣고 데쳐 찬물에 헹구어 물기를 빼고 송송 썬다.

옥수수가 제철이 아닐 때에는 통조림이나 냉동 제품을 활용하세요.

❸ 두부는 1cm 크기의 깍두기 모양으로 썰고 옥수수는 물기를 뺀다.

❹ 달걀에 시금치, 두부, 옥수수를 넣어 잘 섞는다.

❺ 팬에 식용유를 넉넉히 두르고 달걀을 센 불에서 스크램블하면서 익혀 모양을 만든다.

❻ 그릇에 담고 토마토케첩을 곁들인다.

56 느끼하지 않은
파스타 그라탱

스파게티와 파스타의 차이점을 요즘 아이들은 잘 알고 있더라고요. 스파게티는 길쭉한 국수이고, 스파게티와 꼬불꼬불한 푸실리, 납작한 라자냐, 마카로니 등을 모두 포함한 것이 파스타라고 당당하게 이야기해서 깜짝 놀란 적이 있답니다.

효자 식재료

피자 치즈 자주 사 먹인 슬라이스 치즈에 색소가 들어갔다는 이야기를 듣고는 대신 피자 치즈를 넣은 간식을 궁리했어요. 피자 치즈는 임실 피자 치즈나 지인이 운영하는 개인 목장에서 갓 만든 것을 주문해 먹어요.

2인분
요리 시간 30분

오븐
220℃, 8~10분

주재료
파스타(푸실리 또는 펜네) 80g
오징어 1/2마리
새우 1/2컵
양송이버섯 2개
양파 1/4개
버터 1
화이트 와인 2

생크림 1/4컵
화이트소스 1/2컵
소금·후춧가루 약간씩
피자 치즈 1/2컵
파르메산 치즈가루 1
올리브오일 1
소금 약간

화이트소스 재료
버터 2
밀가루 2
우유 1컵+1/2컵
소금·흰 후춧가루 약간씩

❶ 파스타는 끓는 물에 소금을 약간 넣고 삶아 체에 걸러 물기를 뺀다.

오징어나 새우 대신 주꾸미나 홍합, 조갯살을 넣어도 돼요.

❷ 오징어는 껍질을 벗기고 먹기 좋은 크기로 썰고 새우는 옅은 소금물에 씻어 건진다. 양송이버섯은 모양대로 썰고 양파는 굵게 다진다.

❸ 냄비에 버터 1을 녹여 양송이버섯과 양파를 넣어 볶다가 양파가 익으면 오징어와 새우를 넣고 화이트 와인 2를 넣어 끓인다.

버터를 먼저 녹이고 밀가루를 넣어 은근한 불에 고소한 냄새가 날 때까지 볶아요.

❹ 팬에 버터 2를 넣어 녹이고 밀가루 2를 넣어 약한 불로 볶다가 우유 1컵+1/2컵을 붓고 끓여 밀가루가 멍울지지 않도록 잘 풀어 소금과 흰 후춧가루로 간하여 화이트소스를 만든다.

❺ ③에 생크림 1/4컵과 화이트소스 1/2컵을 붓고 3분 정도 끓여 소금과 후춧가루로 간한다.

❻ 파스타를 소스에 섞어 그라탱 용기에 담고 피자 치즈와 파르메산 치즈가루를 뿌리고 220℃로 예열한 오븐에서 8~10분 정도 굽는다.

 나도 꽃 피자
오징어 밥 피자

쭉쭉 늘어나는 모차렐라 치즈를 흔히 피자 치즈라고 부르죠.
원래는 물소 젖으로 만드는데 요즘에는 대부분 우유로 만든다고 해요.
식감은 젤리처럼 말랑말랑하고요. 아이들 피자에 모차렐라 치즈 외에
다른 치즈도 함께 올려 구우세요.

효자 식재료

오징어 오징어의 단백질은 쌀이나 밀가루의 곡류 단백질에 비해 중요한 아미노산이 풍부하다고 하는데요. 오징어를 반찬이나 국으로 끓여도 좋지만 아이들이 좋아하는 치즈와 잘 먹지 않으려는 채소를 넣어 모양을 살려 구우면 아주 잘 먹어요.

2인분
요리 시간 30분

오븐
200℃, 7~8분

재료
오징어 1마리
양파 1/4개
피망 1/4개
당근 약간
올리브오일 적당량
토마토소스 2

밥 1/2공기
소금·후춧가루 약간씩
슬라이스 치즈 1장
블랙 올리브 2개
피자 치즈 1/2컵

대체 식재료
토마토소스 ▶ 카레가루, 토마토케첩

❶ 오징어는 내장을 통째 빼내어 껍질을 벗기고 몸통은 1cm 두께로 썰고 다리는 송송 썬다.

❷ 양파, 피망, 당근은 굵게 다진다.

따끈한 밥을 넣으면 조리 시간이 빨라져요.

❸ 팬에 올리브오일을 두르고 오징어 다리를 볶다가 양파, 피망, 당근, 토마토소스를 넣어 볶다가 밥을 넣어 재료와 어우러지게 볶다가 소금과 후춧가루로 간한다.

블랙 올리브가 없으면 넣지 않아도 돼요.

❹ 슬라이스 치즈는 굵게 다지고 블랙 올리브는 모양대로 썬다.

❺ 링 모양의 오징어 몸통에 볶음밥을 채워 넣는다.

❻ 피자 치즈와 슬라이스 치즈, 블랙 올리브를 올려 200℃로 예열한 오븐에서 7~8분 정도 굽는다.

58 메이드 인 코리아

떡 피자

밀가루 도우 대신 가래떡으로 피자를 만들었어요. 토마토소스 대신 고추장 소스를 뿌렸고요. 떡으로 만드니 먹고 나면 속이 든든해서 식사 대용으로도 좋아요. 가래떡 대신 절편으로 만들면 아이들이 잘 먹을 것 같아요.

2인분
요리 시간 25분

주재료

다진 쇠고기 50g
양파 1/4개
양송이버섯 2개
피망 1/4개
가래떡 2컵
피자 치즈 1/2컵
소금·후춧가루 약간씩
식용유 적당량

쇠고기 양념 재료

간장 0.5
설탕 0.3
다진 파 1
다진 마늘 0.5
참기름·깨소금·후춧가루
약간씩

고추장 소스 재료

고추장 1
간장 0.5
청주 1
설탕 0.3

대체 식재료

가래떡 ▶ 절편

❶ 다진 쇠고기에 간장 0.5, 설탕 0.3, 다진 파 1, 다진 마늘 0.5, 참기름과 깨소금, 후춧가루 약간씩을 넣어 버무려 팬을 달구어 식용유를 두르고 센 불에서 재빨리 볶는다.

❷ 양파, 양송이버섯, 피망은 굵게 다져 팬에 식용유를 두르고 살짝 볶아 소금과 후춧가루로 간한다.

❸ 고추장 1, 간장 0.5, 청주 1, 설탕 0.3을 섞어 고추장 소스를 만든다.

❹ 작은 팬이나 철판에 가래떡을 깔고 고추장 소스를 뿌린 다음 채소와 쇠고기를 올리고 피자 치즈를 뿌려 뚜껑을 덮고 치즈가 녹을 때까지 은근한 불에서 익힌다.

59 두부 피자

건강 식재료의 대명사 총출동~ 두부, 배추김치, 양파, 토마토, 버섯을 넣었지만 아이들이 더 좋아하는 힐링 푸드예요.

2인분
요리 시간 20분

재료
두부 1모
식용유 적당량
배추김치 100g
양파 1/2개
마늘 2쪽
방울토마토 5개
느타리버섯 100g
토마토케첩 2
칠리소스 0.5
물 2
소금·후춧가루 약간씩
모차렐라 치즈 1컵

대체 식재료
두부 ▶ 절편

❶ 두부는 키친타월로 눌러 물기를 제거해서 2등분한 다음 1cm 두께로 썰어 팬에 식용유를 두르고 앞뒤로 노릇하게 지진다.

❷ 배추김치, 양파, 마늘은 큼직하게 다지고 방울토마토는 4등분하고 느타리버섯은 밑동을 자르고 가닥가닥 떼어 2cm 길이로 자른다.

❸ 팬에 식용유를 두르고 마늘, 양파, 배추김치 순으로 볶다가 토마토케첩 2와 칠리소스 0.5를 넣어 볶다가 물 2를 넣고 불을 약하게 줄여 되직하게 3분 정도 졸인 다음 소금과 후춧가루로 간한다.

❹ 두부 위에 졸인 소스, 느타리버섯, 방울토마토를 올리고 모차렐라 치즈를 뿌려 전자레인지에서 1분 정도 익힌다.

2인분
요리 시간 25분

오븐
200℃, 10분

주재료
쇠고기(불고기감) 100g
바게트 1/2개
양파 1/4개
피망 1/4개
빨강 피망 1/4개
식용유 적당량
토마토소스 1/2컵
옥수수 1/4컵
피자 치즈 1컵

쇠고기 양념 재료
간장 1
설탕 0.5
다진 파 1
다진 마늘 0.5
참기름 0.5
깨소금 · 후춧가루 약간씩

불고기 피자 60

고기 좋아하는 아이를 위한 특별 간식인데요.
바게트로 만들어 아이들이 손에 들고 먹기 편해요.

❶ 쇠고기는 잘게 썰어 간장 1, 설탕 0.5, 다진 파 1, 다진 마늘 0.5, 참기름 0.5, 깨소금과 후춧가루를 넣어 조물조물 버무려 10분 정도 재운다.

❷ 바게트는 동그랗게 썰고 양파, 피망, 빨강 피망은 굵게 다진다.

❸ 팬에 식용유를 두르고 양파를 볶다가 투명하게 익으면 양념한 불고기를 넣어 볶는다.

❹ 바게트에 토마토소스를 바르고 불고기와 양파를 올리고 옥수수, 피망, 빨강 피망, 피자 치즈를 얹어 200℃로 예열한 오븐에서 10분 정도 노릇하게 굽는다.

61 닭가슴살 크랜베리 샌드위치

닭 가슴살 샐러드를 모닝롤에 채운 아이용 샌드위치예요.
만들기도 쉽고 아이들도 잘 먹는 건강 요리랍니다.

2인분
요리 시간 25분

재료
모닝롤 2개
닭 가슴살(통조림) 1/2통
크랜베리 20g
마요네즈 2
다진 피클 0.3
다진 양파 1
샐러드 채소 적당량
씨겨자 약간

① 모닝롤은 반으로 자르고 닭 가슴살은 먹기 좋은 크기로 찢는다.

② 닭 가슴살에 크랜베리 20g, 마요네즈 2, 다진 피클 0.3, 다진 양파 1을 넣고 버무려 닭 가슴살 샐러드를 만든다.

③ 샐러드 채소는 씻어 물기를 뺀다. *(아이들이 먹기 편한 어린잎 채소가 좋아요.)*

④ 빵 한 면에 씨겨자를 약간씩 펴 바르고 샐러드 채소를 얹고 닭 가슴살 샐러드를 얹는다. *(씨겨자 대신 마요네즈나 머스터드소스, 크림치즈 등을 쓰세요.)*

2인분
요리 시간 30분

주재료
모닝롤 4개
샐러드 채소 약간
양파 슬라이스 약간
허니 머스터드소스 적당량
튀김기름 적당량

참치 패티 재료
참치(통조림) 1통(150g)
감자(중간 것) 1개
후춧가루 약간
옥수수 2
다진 양파 2
밀가루 약간
달걀물 약간
빵가루 약간

대체 식재료
참치(통조림) ▶ 새우살 또는 오징어살, 흰살 생선.
모닝롤 ▶ 식빵

참치버거 샌드위치 62

딸은 말했어요. 패스트푸드는 모두 몸에 나쁜 거라고.
엄마가 만든 홈메이드 햄버그 샌드위치의 파워를 보여줄래요.

❶ 참치는 기름기를 빼서 잘게 부수고 감자는 삶아 으깨어 후춧가루를 넣어 골고루 섞는다.

❷ 참치, 감자, 옥수수, 다진 양파를 섞어 손바닥 크기로 둥글납작하게 빚는다.

❸ 참치 패티에 밀가루, 달걀, 빵가루 순으로 튀김옷을 입혀 180℃의 튀김기름에 바삭하게 튀긴다.

❹ 모닝롤은 반으로 갈라 한 면에 샐러드 채소와 양파 슬라이스를 깔고 참치 패티를 얹고 허니 머스터드소스를 뿌린다.

63 한 번 만들어 두고 두고 먹는
방울토마토잼 샌드위치

딸아이가 오물거리며 음식을 먹는 모습을 보고 있으면
부모님들이 말씀하신 것처럼 먹지 않아도 배가 불러요.
방울토마토잼은 딸아이가 좋아하는 잼이라 자주 만드는 편인데,
부모님을 생각하면서 넉넉히 만들곤 해요.
부모님도 맛있게 잘 잡수시거든요.

효자 식재료

방울토마토 일반 토마토는 후숙 과정을 거치지만 방울토마토는 후숙시키지 않아 더 많은 리코펜을 섭취할 수 있다고 해요. 캐릭터 이쑤시개에 방울토마토를 꽂아 밥이나 간식에 올려주면 평소에 잘 먹지 않는 아이라도 호기심에 먹어요.

2인분
요리 시간 30분

재료

방울토마토 400g
설탕 150g
식빵 4장

대체 식재료

식빵 ▶ 곡물 식빵

❶ 방울토마토는 물에 씻어서 체에 밭쳐 물기를 빼고 꼭지를 뗀다.

오래 보관하려면 설탕을 더 넣으세요.

❷ 방울토마토를 반으로 잘라 냄비에 담고 설탕을 넣어 센 불에서 끓인다.

딸기잼도 같은 방법으로 만들어 마지막에 레몬즙을 뿌리면 돼요.

❸ 끓어오르면 불을 줄이고 은근한 불에서 20분 정도 더 졸인다.

❹ 방울토마토잼이 윤기 나게 졸여지면 식빵을 구워 발라 먹는다.

64 식빵 롤 샌드위치

워킹맘이 아이에게 가장 빨리, 고민 없이 만들 수 있는 초스피드 간식이에요.

2인분
요리 시간 20분

재료
식빵 4장
딸기잼 2
땅콩버터 2
슬라이스 치즈 4장

대체 식재료
딸기잼 ▶ 포도잼, 복숭아잼
슬라이스 치즈 ▶ 모차렐라 치즈, 견과류

❶ 식빵은 모서리를 자르고 방망이로 살짝 밀어서 납작하게 만든다.

❷ 식빵 2장에 딸기잼을 골고루 펴 바르고 슬라이스 치즈를 올려 돌돌 만다.

❸ 식빵 2장에 땅콩버터를 바르고 슬라이스 치즈를 얹어 돌돌 만다.

❹ 먹기 좋은 크기로 잘라 이쑤시개에 꿰어 접시에 담는다.

> 식빵은 얇은 것으로 준비해야 돌돌 잘 말려요. 두꺼운 식빵으로 만든다면 돌돌 말아 랩이나 쿠킹포일에 잠깐 싸두면 모양이 그대로 유지돼요.

2인분
요리 시간 30분

오븐 200℃, 15분

재료
돼지고기 안심 200g
소금·후춧가루 약간씩
달걀 1개
빵가루 1컵
파슬리가루 약간
식용유 3
밀가루 1/4컵
샐러드 채소 적당량
돈가스 소스 적당량

대체 식재료
돼지고기 안심 ▶ 닭고기 안심 또는 가슴살

오븐구이 한입 돈가스 65

기름에 튀기지 않고 오븐에 구운,
샐러드 채소도 곁들여 먹일 수 있는 미니 돈가스예요.

> 오븐에서 굽거나 에어프라이어를 이용하면 기름을 적게 사용하고도 튀긴 것처럼 먹을 수 있어요. 오븐이 없다면 팬에 기름을 약간만 두르고 굽듯이 튀기세요.

❶ 돼지고기는 한입 크기로 썰어 소금과 후춧가루로 밑간하고 달걀은 곱게 풀고 볼에 빵가루, 파슬리가루, 식용유를 넣어 섞는다.

❷ 밑간한 돼지고기에 밀가루, 달걀물 순으로 튀김 옷을 입히고 파슬리가루를 섞은 빵가루를 골고루 묻힌다.

❸ 200℃로 예열한 오븐에서 15분 정도 구워 접시에 담고 샐러드 채소와 돈가스 소스를 곁들인다.

PART 2
간단하지만 특별한 아이 간식 37

 아이의 눈빛을 빛나게 하는
과일 퐁뒤

달콤한 초콜릿은 어른이 먹어도 맛있으니 아이들에게는 천국의 맛일 거예요. 갖가지 과일을 꼬치에 꽂아 초콜릿을 녹여 찍어 먹는 퐁뒤를 만들면 딸아이의 눈이 반짝반짝 빛나요.

효자 식재료

바나나 1년 내내 먹을 수 있는 수입 과일인 바나나는 소화 흡수가 잘 되고 변비에도 좋아요. 바나나는 검은 반점이 하나둘 생기기 시작할 때가 가장 맛이 좋고, 냉장고가 아닌 실온에 보관하세요.

2인분
요리 시간 10분

재료
바나나 1개
키위 1개
딸기 6개
가래떡 1줄
구운 아몬드 약간
코팅용 초콜릿 100g

대체 식재료
초콜릿 ▶ 치즈

노란 바나나는 바닥에 두는 것보다는 옷걸이 등을 이용해 매달아두면 잘 익어요.

❶ 바나나는 껍질을 벗기고 2cm 두께로 썬다.

❷ 키위는 껍질을 벗기고 바나나 크기로 썬다.

❸ 딸기는 물에 살살 씻어 꼭지를 떼어내고 큰 것은 반으로 썬다.

❹ 가래떡은 바나나 크기로 썰어서 단단한 것은 끓는 물에 데쳐서 물기를 뺀다.

아몬드는 팬에 볶거나 200℃의 오븐에서 2~3분 정도 바삭하게 구워요.

❺ 구운 아몬드는 곱게 다진다.

❻ 중탕이나 퐁뒤 그릇에 코팅용 초콜릿을 넣어 녹이면서 과일과 가래떡을 꼬치에 꽂아 초콜릿에 찍어 구운 아몬드를 묻혀 먹는다.

예민한 아이에게
대추 드레싱과 과일 샐러드

대추는 신경 안정 효과가 있어 어른들뿐 아니라 예민한 아이에게 좋은 재료예요. 대추차가 좋은 건 다 알지만 아이들은 대추차를 잘 안 먹으니 이렇게 과일에 곁들여 먹이세요.

효자 식재료

플레인 요구르트 집에서 플레인 요구르트 만드는 법을 알려드릴게요. 우유 1ℓ를 전자레인지에 1분 정도 데워 미지근해지면 플레인 요구르트 100㎖와 섞어 요구르트 제조기나 요구르트 발효 기능이 있는 오븐에서 4시간 정도 발효시키면 돼요.

2인분
요리 시간 10분

주재료
사과 1/2개
키위 1개
딸기 5개

대추 드레싱 재료
대추 2개
플레인 요구르트 1/2컵

아이들이 좋아하는 과일로 준비하세요.

❶ 사과는 껍질째 먹기 좋은 크기로 썰고 키위는 껍질을 벗기고 먹기 좋은 크기로 썰고 딸기는 흐르는 물에 씻어 꼭지를 뗀다.

대추는 알이 고르고 과육이 두꺼운 것으로 고르세요.

❷ 대추는 키친타월로 비벼서 닦아 돌려깎기해 씨를 빼고 곱게 다진다.

❸ 플레인 요구르트 1/2컵에 다진 대추를 넣어 잘 섞는다.

❹ 그릇에 준비한 과일을 담고 대추 드레싱을 끼얹는다.

채소 듬뿍
군만두 샐러드

만두는 딸아이보다 제가 더 좋아해요. 만두는 어떻게 조리해 먹어도 맛있지만
가끔씩 군만두가 기름진 음식이라 조금 망설여져요.
그럴 때에는 해결책이 있어요. 채소를 곁들여 만두 샐러드를 만들어 먹으면 되거든요.

효자 식재료

만두 요즘 다양한 만두가 판매되고 있는데 우리 쌀로 만두피를 만든 만두도 선보이더라고요. 만두를 고를 때는 식품인증마크와 식품첨가물 등을 꼼꼼하게 확인한 후에 구입하세요.

2인분
요리 시간 20분

주재료
양상추 1/8통
치커리 1/2줌
양파 1/4개
식용유 적당량
만두 8개

오리엔탈 드레싱 재료
간장 2
식초 1
올리브오일 1
설탕 0.5
맛술 0.5
깨소금 0.5

대체 식재료
만두 ▶ 동그랑땡 또는 생선전, 두부구이

❶ 양상추와 치커리는 깨끗이 씻어 손으로 한입 크기로 뜯어 찬물에 담갔다가 물기를 뺀다.

❷ 양파는 얇게 채 썰어 찬물에 1분 정도 담가 매운맛을 제거하고 물기를 뺀다.

냉동 만두는 해동하지 말고 앞뒤로 노릇노릇하게 지진 다음 물을 1/4컵 정도 부어 뚜껑을 덮어두면 겉은 타지 않고 속은 바삭하게 구워져요.

❸ 팬을 달구어 식용유를 적당히 두르고 만두를 넣어 앞뒤로 노릇하게 굽는다.

시간이 없을 때에는 시판 오리엔탈 드레싱을 활용하세요.

❹ 준비한 채소와 만두를 그릇에 담고 간장 2, 식초 1, 올리브오일 1, 설탕 0.5, 맛술 0.5, 깨소금 0.5를 섞어 오리엔탈 드레싱을 만들어 곁들인다.

 더 건강한 피자
피자 위 샐러드

후배 아들이 친구들이 집에 왔다며 엄마에게 맛있는 것을 사가지고 오라는 연락을 받았데요. 그래서 피자를 사들고 갔더니 아들 친구들이 "요리사 엄마라고 해서 기대했더니 실망이네"라는 소리를 들었다고 푸념을 늘어놓더라고요.
바쁜 후배에게 귀띔해주고 싶은 쉬운 요리예요.

효자 식재료

졸인 발사믹 식초 포도주를 숙성시켜 만든 발사믹 식초에 흑설탕을 넣어 은근한 불에 졸이면 걸쭉해지면서 단맛이 나거든요. 샐러드를 올린 피자 소스로 먹으면 맛있고, 샐러드 드레싱으로도 즐겨 먹어요.

2인분
요리 시간 20분

오븐
200℃, 7분

재료
토르티야 2장
토마토소스 1/3컵
피자 치즈 1/2컵
파르메산 치즈가루 2
샐러드 채소 2줌
견과류(땅콩, 호두, 잣 등) 2
발사믹 식초 1/2컵
흑설탕 2

대체 식재료
토르티야 ▶ 바게트 또는 식빵, 만두피
토마토소스 ▶ 토마토케첩 또는 머스터드소스

팬에 넣고 뚜껑을 덮고 치즈가 녹을 때까지 은근한 불로 구워도 돼요.

❶ 토르티야에 토마토소스를 골고루 펴 바르고 피자 치즈와 파르메산 치즈가루를 듬뿍 뿌린다.

❷ 오븐 용기에 토르티야를 담고 200℃의 오븐에서 치즈가 녹을 때까지 7분 정도 굽는다.

졸인 발사믹 식초는 대형 마트에서 발사믹 크림이나 발사믹 리덕션이라는 이름으로 판매해요.

❸ 샐러드 채소는 찬물에 씻어 물기를 빼고 견과류는 팬에 기름을 두르지 않고 볶아 굵게 다진다.

❹ 발사믹 식초에 흑설탕을 넣어 은근한 불에 졸이고 토르티야에 채소를 올린 다음 졸인 발사믹 식초를 뿌리고 견과류를 얹어 돌돌 만다.

70 케이준 치킨 샐러드

아이들이 좋아하는 치킨에 엄마들이 먹이고 싶은 샐러드가 로봇처럼 합체했어요.

2인분
요리 시간 35분

주재료
닭 안심 6조각
소금 · 후춧가루 약간씩
튀김기름 적당량
양상추 1/4통
삶은 달걀 1개
방울토마토 3개

튀김옷 재료
밀가루 1/4컵
우유 2~3
케이준 스파이스 0.5
달걀 1/2개
시리얼 적당량

드레싱 재료
녹인 버터 1
마요네즈 2
꿀 1
양겨자 1
연유 1
레몬즙 1
소금 0.5
후춧가루 약간

❶ 닭 안심은 먹기 좋은 크기로 잘라 소금과 후춧가루로 밑간한다.

❷ 밀가루 1/4컵, 우유 2~3, 케이준 스파이스 0.5, 달걀 1/2개를 섞어 닭 안심에 입히고 시리얼을 앞뒤로 묻혀 170℃의 튀김기름에 바삭하게 튀긴다.

❸ 양상추는 먹기 좋은 크기로 손으로 뜯어 찬물에 담갔다가 물기를 빼고 삶은 달걀과 방울토마토는 먹기 좋은 크기로 썬다.

❹ 녹인 버터 1, 마요네즈 2, 꿀 1, 양겨자 1, 연유 1, 레몬즙 1, 소금 0.5, 후춧가루 약간을 섞어 드레싱을 만들어 곁들인다.

2인분
요리 시간 40분

주재료
찹쌀 2컵
밤 5개
대추 20개
물 4컵
호박씨 1
잣 1

양념 재료
간장 2
참기름 2
흑설탕 1/3컵
대추고 2컵

대체 식재료
밤 ▶ 단호박, 고구마

대추 약식 71

어른들이나 잡수시는 간식이라고요?
천만의 말씀~ 한번 맛을 보면 아이들도 좋아한답니다.

대추고를 만들 때 물이 졸아들면 뜨거운 물을 더 넣고 끓여 대추를 으깨어 거른 물이 2컵 정도가 되도록 준비하세요.

❶ 찹쌀은 씻어 4시간 정도 불려 물기를 빼고 밤은 껍질을 벗기고 먹기 좋은 크기로 썬다.

❷ 대추는 돌려깎기해 씨를 발라내고 물 4컵을 넣어 푹 끓여 체에 걸러 대추고를 만든다.

❸ 냄비에 간장 2, 참기름 2, 흑설탕 1/3컵, 대추고 2컵을 넣고 흑설탕이 녹을 만큼만 살짝 끓인다.

❹ 준비한 재료를 한데 섞어 솥에 고슬고슬하게 밥을 지어 주걱으로 대강 섞은 다음 호박씨와 잣을 넣고 모양틀로 찍는다.

말랑말랑
엄마가 만든 육포

자주 가는 정육점의 직원이 육포용 쇠고기를 주문하면 집에서 어떻게 육포를 만드느냐며 신기해했어요. 만들어서 서너 장 선물했더니 정말 직접 만든 것이냐며 자꾸 의심을 하네요. 말랑말랑한 육포는 집에서도 쉽게 만들 수 있어요.

10인분
요리 시간 3~4시간

주재료
쇠고기 우둔살 600g

쇠고기 양념 재료
간장 4
설탕 1
물엿 1
청주 1

고운 고춧가루 0.3
참기름 2
마늘즙 0.5
후춧가루 약간

정육점에서 살 때 얇게 썰어 달라고 하세요.

❶ 쇠고기는 우둔살처럼 기름기가 없는 부위로 준비하여 얇고 넓게 썬다.

❷ 간장 4, 설탕 1, 물엿 1, 청주 1, 고운 고춧가루 0.3, 참기름 2, 마늘즙 0.5. 후춧가루 약간을 잘 섞어 설탕이 완전히 녹을 때까지 젓는다.

❸ 준비한 쇠고기를 양념에 한 장씩 적셔서 골고루 버무린다.

❹ 쇠고기를 한 장씩 펴서 식품건조기나 오븐의 건조 기능을 이용해 너무 딱딱하지 않게 말려 놓는다. 냉동실에 보관하고 구워 먹는다.

 때때로 과일 간식
과일 춘권튀김

춘권에 달콤한 과일을 넣어 튀기면 과일의 맛과 향이 더 진해져요.
냉장고에서 시들어가는 자투리 과일을 활용하거나 건과일을 넣어 별미 간식을 만드세요.

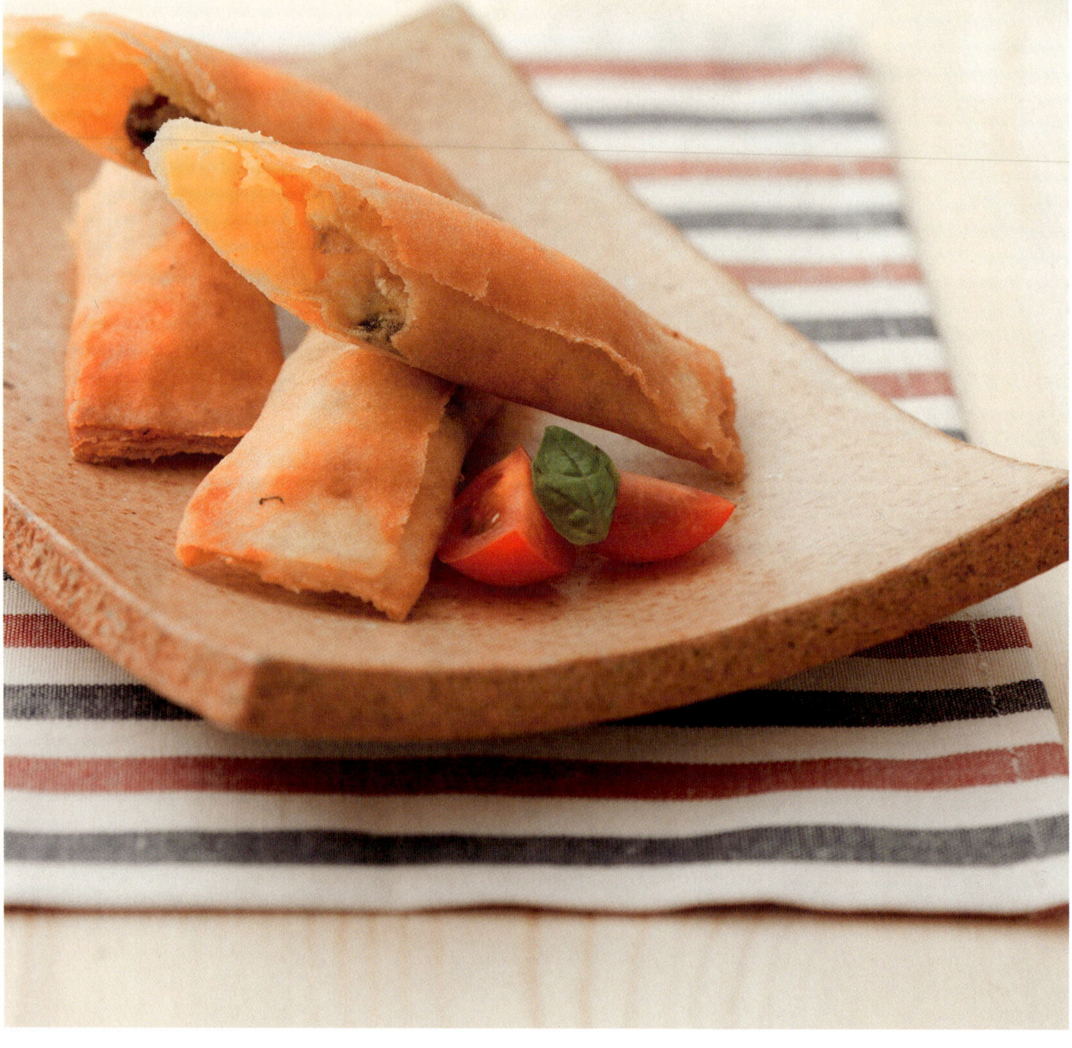

2인분
요리 시간 20분

재료
바나나 1개
파인애플 1개
호두 1
카레가루 1

소금 약간
건포도 1
춘권피 8장
튀김기름 적당량

대체 식재료
호두 ▶ 아몬드, 땅콩

❶ 바나나는 껍질을 벗겨 작게 썰고 파인애플은 굵게 썬다.

❷ 호두는 다진다.

❸ 팬에 바나나, 파인애플, 호두를 넣어 볶다가 카레가루 1을 넣어 섞고 소금 약간과 건포도 1을 넣는다.

❹ 춘권피에 ③을 조금씩 넣어 돌돌 말아 춘권피 끝에 물칠을 하여 붙이고 170℃의 튀김기름에 노릇노릇하게 튀긴다.

> 남은 춘권피는 냉동 보관하고 필요한 만큼만 해동하여 한 장씩 떼어 사용하세요.

74 요즘 붕어빵 트렌드
김치맛 붕어빵

붕어빵의 변신이 예사롭지 않아요. 단팥, 불고기, 카레, 김치, 단호박에 고구마까지 다양한 맛의 붕어빵이 등장했어요. 하지만 길거리에서 붕어빵 가게를 찾기가 쉽지는 않죠? 집에서 쉽게 굽는 붕어빵을 궁리했어요.

효자 식재료

김치 우리나라의 대표 발효 식품인 김치의 위력은 여러 번 증명되었죠. 김치는 어렸을 때부터 입맛이 길들도록 신경 써서 먹이세요. 또 배추김치나 깍두기 외에 물김치, 오이소박이, 파김치 등 다양한 김치를 맛보게 하세요.

2인분
요리 시간 20분

재료
배추김치 2장
참치(통조림) 1/4통
양파 1/8개
피망 1/4개
식용유 적당량

소금·후춧가루 약간씩
식빵 4장
마요네즈 1

대체 식재료
참치 ▶ 새우, 오징어, 생선살

❶ 배추김치는 송송 썰고 참치는 체에 담아 기름기를 빼고 으깬다.

❷ 양파와 피망은 굵게 다진다.

❸ 팬에 식용유를 두르고 배추김치와 양파를 볶다가 참치를 넣어 볶다가 김치가 부드러워지면 피망을 볶다가 소금과 후춧가루로 간한다.

와플팬 등을 이용해도 좋아요!

❹ 식빵 1장의 가장자리를 잘라내고 붕어빵틀에 올리고 ❸을 적당히 올린다.

식빵 4장을 2장씩 두 세트로 구우니 마요네즈 1은 0.5씩 나눠 넣으세요.

❺ 마요네즈 0.5를 골고루 뿌리고 다시 식빵 한 장을 올리고 붕어빵틀을 눌러 식빵이 갈색이 되도록 굽는다.

❻ 붕어빵틀에서 꺼내 붕어빵 모양으로 자른다.

75 엄마가 쏜다
땅콩 캐러멜

말랑말랑하고 부드러운 캐러멜은 멈추지 않고 먹게 되죠.
시대를 뛰어넘어 사랑받는 군것질거리예요.
아이들용 캐러멜은 설탕을 약간 줄이고 견과류나 건과일 등을 넣어 엄마 사랑을 보여주세요.

효자 식재료

땅콩 필수아미노산인 라이신이 풍부한 땅콩은 땅콩조림, 땅콩죽, 땅콩전 등으로 만들어 아이가 충분히 섭취할 수 있도록 하세요. 땅콩은 잘못 보관하여 검은 곰팡이가 피면 발암성 물질이 생긴다고 하니 잘 밀봉하여 냉장 보관하세요.

4인분
요리 시간 30분

재료
생크림 90g
홍차 3g
황설탕 50g
물엿 50g
소금 약간
다진 땅콩 2

대체 식재료
홍차 ▶ 바닐라 빈

거품이 잘 나니 끓어 넘치지 않도록 불을 잘 조절하고 깊이가 있는 냄비를 사용하세요.

❶ 생크림은 따끈하게 데우면서 홍차를 넣어 1분 정도 끓여 불을 끄고 뚜껑을 덮어 홍차를 우린다.

❷ 홍차를 체로 걸러내고 황설탕, 물엿, 소금을 넣어 은근한 불로 끓인다.

❸ 거품이 잦아들고 농도가 걸쭉해질 때까지 저어가며 10~15분 정도 끓인다.

캐러멜은 냄새를 잘 흡수하므로 비닐백이나 밀폐용기에 넣어 보관하세요.

❹ 다진 땅콩을 넣어 주걱에서 주르륵 흐르는 정도가 되도록 끓인다.

❺ 사각형 틀에 유산지를 깔고 캐러멜을 부어 냉장고에 넣어 굳힌다.

❻ 단단하게 굳으면 먹기 좋은 크기로 썰어 유산지나 비닐로 포장한다.

76 우리 집 부엌 문화센터
큐브 쿠키

아이들이 손으로 재료를 만지면서 요리하면 EQ와 IQ가 좋아진다고 해서 여러 곳에서 요리 교실을 열고 있어요. 가장 좋은 교육기관은 엄마와 함께하는 우리 집 부엌 문화센터가 아닐까요. 큐브 쿠키가 오늘의 레시피입니다.

효자 식재료

버터 한때 자연 베이킹이라며 버터나 설탕 등을 넣지 않은 레시피가 주목을 받기도 했는데요. 건강에는 좋을지 몰라도 맛은 떨어지는 게 사실이니 좋은 재료로 넣을 것 넣고 베이킹을 만들자는 주의예요.

2인분
요리 시간 35분

오븐
170℃, 25~30분

주재료
버터 60g
슈거파우더 40g
달걀노른자 1개분
박력분 80g
옥수수 전분 30g
아몬드가루 30g
바닐라 에센스 약간
장식용 초콜릿 약간

가나슈 재료
다크 초콜릿 50g
생크림 50g

대체 식재료
가나슈 ▶ 초코펜

버터는 뉴질랜드의 앵커버터나 프랑스의 이즈니버터, 생협이나 유기농 매장에서 판매하는 유기농 버터를 이용해요.

❶ 버터는 실온에 두었다가 말랑말랑해지면 잘 저어서 슈거파우더를 넣고 골고루 섞는다.

❷ ①에 달걀노른자를 넣고 부드럽게 크림화시킨다.

❸ ②에 박력분, 옥수수 전분, 아몬드가루를 체에 쳐서 넣고 바닐라 에센스를 약간 넣고 고루 섞는다.

❹ 반죽을 비닐에 넣고 평평하게 펴서 냉장실에서 30분~1시간 정도 휴지시킨다.

❺ 반죽을 일정한 크기의 사각형으로 잘라 170℃의 오븐에서 25~30분 정도 구워 한 김 식힌다.

가나슈는 유산지나 비닐 짤주머니에 넣어서 장식하세요.

❻ 다크 초콜릿과 생크림을 중탕으로 녹여서 가나슈를 만들어 장식하고 장식용 초콜릿을 올린다.

77 세상에서 제일 쉬운
손가락 쿠키

옛날 과자인 계란 과자를 연상시키는 쿠키예요. 손가락처럼 길쭉하게도 짜고 동그랗게도 짜서 여러 가지 모양을 만들 수 있어요. 이 쿠키는 케이크 장식으로 사용하거나 잼을 발라 먹어도 맛있어요.

효자 식재료

달걀 아이들에게는 유정란을 사주고 본인들은 그냥 싼 달걀을 먹는다는 요즘 엄마들의 푸념이 들리네요. 유정란은 손으로 알을 돌려보아 잘 돌아가지 않는 것. 빙글빙글 잘 돌아가면 무정란이라고 해요. 달걀은 구입하자마자 냉장 보관하세요.

6인분
요리 시간 35분

오븐
170℃, 10분

재료
달걀노른자 2개분
설탕 20g
달걀흰자 2개분
설탕 30g
박력분 70g
설탕 약간

대체 식재료
박력분 ▶ 중력분

❶ 달걀노른자에 설탕을 넣고 미색이 되도록 거품기로 거품을 낸다.

❷ 달걀흰자에 설탕을 넣고 거품을 낸 다음 ①에 4분의 1만 넣고 섞는다.

❸ ②에 체에 친 박력분을 넣고 섞은 다음 나머지 달걀흰자 거품을 4분의 3만 넣고 섞는다.

❹ 짤주머니에 지름 1cm의 깍지를 끼우고 반죽을 채운다.

❺ 오븐팬에 유산지를 깔고 설탕을 약간 뿌리고 반죽을 5cm 길이로 짠 다음 다시 설탕을 약간 뿌린다.

> 너무 오래 구우면 쿠키가 오그라지고 단단해지므로 주의하세요.

❻ 170℃로 예열한 오븐에서 10분 정도 구워 불을 끄고 그대로 5분 정도 두었다가 꺼내 완전히 식힌다.

78 바쁜 엄마들을 구해주는
초코 크랙 쿠키

쿠키 반죽을 만들어 충분히 휴지시킨 다음 썰어서 굽거나 밀어서 굽는 쿠키도 있어요. 초코 크랙 쿠키는 반죽을 만들어 냉동실에 보관했다가 아이들이 갑자기 간식을 찾을 때 바로 만들면 좋아요.

효자 식재료

초콜릿 초콜릿은 카카오매스와 코코아버터를 섞어 만드는데 카카오매스의 함량과 재료 배합에 따라 종류가 달라져요. 카카오매스의 함량이 적은 다크 초콜릿, 유지방분을 많이 넣은 밀크 초콜릿, 카카오매스를 넣지 않은 화이트 초콜릿이 있어요.

6인분
요리 시간 35분

오븐
180℃, 10~12분

 재료
버터 60g
다크 초콜릿 60g
달걀 1/2개
설탕 60g
박력분 80g
코코아가루 1큰술

 베이킹파우더 1/2작은술
베이킹 소다 1/3작은술
슈거파우더 30g

 대체 식재료
코코아가루 ▶ 치즈가루

중탕으로 녹일 때 아래 냄비의 물이 끓어서 버터와 초콜릿에 들어가지 않도록 조심하세요.

❶ 버터와 다크 초콜릿은 중탕냄비에 넣어 녹인다.

❷ 달걀은 풀어 거품을 내고 설탕을 넣어 거품을 올린다.

다크 초콜릿은 초콜릿을 넣은 간식에 두루 활용할 수 있는데 베이킹 재료상에서 판매해요.

❸ ②에 중탕으로 녹인 버터와 다크 초콜릿을 부어가며 섞는다.

❹ 박력분, 코코아가루, 베이킹파우더, 베이킹 소다를 체에 쳐 ③에 넣어 섞는다.

같은 크기로 둥글게 빚어야 구울 때 익는 시간이 같아 타거나 설익지 않아요.

❺ 반죽을 비닐에 싸서 냉장실에 넣어 30분 정도 휴지시킨다.

슈거파우더를 입혀서 바로 굽지 않으면 슈거파우더가 녹아서 모양이 안 예뻐요.

❻ 휴지시킨 반죽을 둥글게 빚어 슈거파우더 30g을 골고루 묻히고 180℃로 예열한 오븐에서 10~12분 정도 굽는다.

79 깜찍해서 큰일이네
베이비 슈

'슈'는 프랑스에서 많이 먹는 과자예요. 양배추라는 뜻인데 모양이 정말 양배추처럼 생겼어요. 요즘은 찐빵만한 슈를 만들기도 하는데, 아이들이 먹다가 크림이 손에 묻을 수도 있으니 한입에 쏙 들어가는 베이비 슈를 만드세요. 또는 슈를 쌓아올려 케이크처럼 만들어도 아이들이 좋아해요.

4인분
요리 시간 40분

오븐
180℃, 20~25분

슈 반죽 재료
물 125g
버터 100g
소금 1g
중력분 100g
달걀 3~4개

크림 재료
생크림 1컵
설탕 1큰술

Another Recipe

샐러드 슈

요리시간 10분

재료 당근·햄·피망·옥수수 약간씩, 마요네즈 2, 머스터드 약간, 베이비 슈 8개

만드는 법 당근, 햄, 피망은 잘게 썰어 옥수수와 함께 마요네즈와 머스터드에 섞어 베이비 슈에 채우세요.

> 바닥에 눌어붙어 타지 않도록 저으세요.

❶ 냄비에 물, 버터, 소금을 넣고 중간 불로 끓여 버터가 완전히 녹고 물이 끓으면 불을 낮추고 체에 내린 중력분 100g을 넣어 섞는다.

❷ 약한 불에서 3~4분 정도 타지 않게 젓다가 광택이 나면서 걸쭉해져 한 덩어리로 만들어지면 불에서 내린다.

> 농도는 달걀로 맞추는데 주걱으로 떴을 때 끝이 삼각형으로 만들어지면 적당한 상태예요.

❸ ②에 달걀 3~4개를 풀어 조금씩 넣어가며 고루 섞어 매끄러운 반죽을 만든 다음 짤주머니에 담는다.

❹ 오븐 용기에 유산지를 깔고 일정한 간격을 두어 지름 2cm 크기로 짠 다음 스프레이로 물을 뿌린다.

❺ 180℃로 예열한 오븐에서 20~25분 정도 굽는다.

> 생크림은 차갑게 보관해야 거품이 잘 나요.

❻ 믹싱볼을 차게 하여 생크림을 넣고 거품기로 젓다가 설탕을 나누어 넣으면서 흘러내리지 않을 정도로 거품을 내어 완성된 슈에 칼집을 넣고 채운다.

81. 딸기 잼이나 버터를 곁들이는
요구르트 스콘

주말에 딸아이와 아점을 먹으러 동네 빵집에서 운영하는 카페에 간 적이 있어요.
브런치 메뉴에 스콘이 나왔는데 그다음부터 딸아이가 스콘을 구워주면
"엄마, 이거 브런치야?" 하는 이야기를 하고 나서부터
스콘이 우리 집 단골 브런치가 되었어요.

6인분
요리 시간 35분

오븐
180℃, 20분

재료

버터 100g
우유 40g
설탕 20g
소금 3g
플레인 요구르트 60g

달걀노른자 1개분
박력분 250g
베이킹파우더 1큰술

❶ 버터는 잘게 잘라 냉장실에 넣어둔다.

❷ 우유에 설탕과 소금을 넣어 섞은 다음 플레인 요구르트와 달걀노른자를 섞어 냉장실에 넣어 차갑게 둔다.

❸ 박력분과 베이킹파우더를 체에 내려 버터와 섞어 버터의 입자가 작아질 때까지 섞는다.

❹ ❸에 ❷를 서너 번 나누어 넣으면서 스크래퍼로 가볍게 섞어 반죽이 뭉쳐지기 시작하면 넓은 판에 쏟아놓고 스크래퍼와 손을 사용해 반죽을 한 덩어리로 모으고 반으로 잘라 포개 올리고 손으로 가볍게 누른다.

❺ 반죽이 판에 붙지 않게 밀가루를 솔솔 뿌려 1.5cm 두께로 밀어 냉장실에서 30분 정도 휴지시킨다.

❻ 반죽을 꺼내 지름 7cm 크기의 둥근 틀로 찍어내고 오븐팬에 간격을 두고 놓아 180℃로 예열한 오븐에서 노릇노릇한 색이 나도록 20분 정도 굽는다.

선물하기 좋은
코코넛 샤브레

부드러운 쿠키 샤브레. 코코넛을 넣은 샤브레, 올리브를 곱게 다져 넣은 올리브 샤브레, 코코아를 넣은 코코아 샤브레로 응용하면 샤브레만으로도 어린이용 종합 선물 세트를 만들 수 있어요.

효자 식재료

우유 아이들의 키 성장에 좋은 영양소로는 양질의 단백질과 탄수화물, 칼슘, 아연, 각종 채소에 들어 있는 비타민과 미네랄이 손꼽히는데요. 그중에서도 칼슘이 많은 우유와 멸치, 필수아미노산이 풍부한 생선류는 성장에 효과적인 식품이래요.

6인분
요리 시간 35분

오븐
170℃, 15~20분

재료
버터 100g
설탕 50g
소금 2g
달걀노른자 50g(2~3개)
우유 15g
박력분 150g

코코넛 파우더 50g
달걀흰자 약간
설탕 약간

대체 식재료
코코넛 파우더 ▶ 다진 땅콩 또는 다진 호두, 다진 아몬드

❶ 버터는 실온에 미리 꺼내 부드럽게 하여 설탕 50g을 두 번에 나누어 넣고 소금을 넣어 부드럽게 섞는다.

> 밀가루 양을 10% 줄이고 코코아가루나 녹차가루 등을 넣으면 색색의 샤브레를 만들 수 있어요.

❷ ①에 달걀노른자를 넣고 충분히 섞은 다음 우유를 넣어 골고루 섞는다.

❸ 박력분과 코코넛 파우더를 체에 내려 ②의 반죽에 넣어 고무 주걱으로 섞어서 한 덩어리로 반죽한다.

❹ 반죽이 뭉쳐지면 랩으로 싸서 냉장실에 넣어 2시간 정도 휴지시킨다.

> 밀폐가 잘되도록 포장해서 냉동 보관했다가 구워도 돼요.

❺ 휴지된 반죽을 달걀흰자와 설탕에 굴린 다음 일정한 두께로 자른다.

> 달걀흰자에 농후 난백이 많으면 덩어리져서 설탕이 잘 묻지 않아요. 또 설탕은 높은 온도에서 녹지 않고 그대로 익어서 모래알처럼 반짝반짝 빛나요.

❻ 오븐팬에 담고 170℃로 예열한 오븐에서 15~20분 정도 굽는다.

83 찰떡와플

와플 메이커가 있으면 집에서 만들 엄두가 안 나는 디저트를 간단히 만들 수 있어요.

2인분
요리 시간 10분

재료
찰떡 2개
식용유 적당량
제철 과일 100g
메이플 시럽 2

대체 식재료
메이플 시럽 ▶ 꿀, 아가베 시럽

❶ 와플틀에 식용유를 골고루 바르고 찰떡을 올려 굽는다.

❷ 제철 과일은 먹기 좋은 크기로 자른다.

❸ 접시에 찰떡 와플을 먹기 좋은 크기로 잘라 담고 메이플 시럽을 뿌리고 제철 과일을 곁들인다.

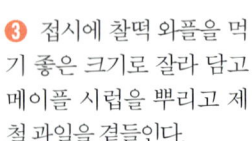
찰떡은 냉동된 상태에서 구워야 바삭하게 잘 구워지며 너무 오래 구우면 떡이 퍼져버리니 주의하세요.

✻✻✻✻✻✻✻✻✻✻✻

2인분
요리 시간 30분

오븐 180℃, 20분

재료
흰 앙금 500g
아몬드가루 50g
물엿 1
달걀노른자 1개분
우유 2

대체 식재료
흰 앙금 ▶ 호박 앙금

상투과자

엄마 아빠의 향수를 자극하는 투박한 모양의 옛날 과자예요.
주말에 아이와 함께 만들어 두고 먹으면 좋아요.

> 상투과자 반죽은 짤주머니에 한꺼번에 많이 넣어 짜면 힘들어요. 조금씩 넣고 짜야 쉽게 짜지고 모양도 잘 나와요.

❶ 흰 앙금에 아몬드가루, 물엿, 달걀노른자를 넣고 골고루 섞는다.

❷ 우유를 넣어가며 농도를 조절한다.

❸ 짤주머니에 모양 깍지를 끼우고 반죽을 채워 쿠킹포일이나 유산지를 깐 오븐팬에 지름 3cm 크기로 짠다.

❹ 180℃로 예열한 오븐에서 20분 정도 굽는다.

85 토마토 양갱

화분에 토마토를 키워 양갱을 함께 만들어보세요.
까칠한 아이라도 행복한 표정으로 기분 좋게 먹을 거예요.

2인분
요리 시간 30분

재료
한천 10g
토마토 3개
소금 약간
설탕 200g
흰 앙금 100g

대체 식재료
한천 ▶ 가루 한천

❶ 한천은 찬물에 20분 정도 불려 물기를 뺀다.

❷ 한천은 찬물에 20분 정도 불려 물기를 뺀다.

❸ 토마토에 한천을 넣어 은근한 불에서 녹인다.

❹ 한천이 녹으면 소금과 설탕을 넣어 저은 다음 흰 앙금을 넣어 바닥에 눌어붙지 않도록 잘 저어 용기에 담아 굳혀 먹기 좋은 크기로 썬다.

6인분
요리 시간 30분

재료
우유 1ℓ
생크림 500㎖
레몬즙 1개분
소금 1

엄마표 치즈 87

아이들이 좋아하는 치즈를 집에서 쉽게 만들 수 있어요.
생크림과 레몬즙을 넣은 상큼하고 신선한 치즈예요.

86
Another Recipe
파인애플 치즈딥

요리 시간 5분

재료 파인애플 슬라이스 1조각, 파프리카 약간, 엄마표 치즈 1/2컵, 우유 약간

만드는 법 파인애플과 파프리카는 곱게 다지고 엄마표 치즈는 부드럽게 저어 파인애플과 파프리카를 섞고 우유로 농도를 부드럽게 맞추세요.

❶ 우유와 생크림을 냄비에 넣어 중간 불에서 끓여 끓기 시작하여 약한 불로 줄이고 3분 정도 끓인다.

❷ 레몬즙과 소금을 넣어 섞는다.

❸ 우유가 몽글몽글해지면 10분 정도 그대로 둔다.

❹ 면포에 걸러 누름돌로 눌러 10분 정도 두었다가 냉장고에서 굳힌다.

88 화사한 봄날의
딸기 타르트

타르트에 딸기는 환상의 커플이에요. 딸기의 붉은색이 화려하면서도
상큼한 느낌을 주니까요. 딸기가 많이 나는 봄철에는 딸기 타르트를 질리도록 먹고,
그 외의 계절에는 갖가지 제철 과일을 활용하여 사계절 타르트를 즐겨보세요.

효자 식재료

딸기 비타민 C는 영양제보다는 식품으로 섭취하는 것이 더욱 효과적이라 하는데요. 감기를 예방하는 비타민 C가 풍부한 대표적인 과일이 딸기예요. 아이들은 화려한 요리에 흥미를 보이므로 타르트에 딸기를 얹으면 더 잘 먹는답니다.

Another Recipe

컵과일과 과일 꼬치

요리 시간 10분

재료 제철 과일(딸기, 포도, 키위 등) 적당량

만드는 법 제철 과일은 먹기 좋은 크기로 잘라 꼬치에 꿰어 컵에 담으세요.

6인분
요리 시간 1시간

오븐
170℃, 30분

주재료
버터 75g
슈거파우더 150g
박력분 75g
소금 1작은술
달걀흰자 50g
딸기잼 약간
딸기 8개

아몬드 크림 재료
버터 60g
슈거파우더 60g
달걀 1개
박력분 25g
아몬드가루 60g

❶ 타르트 도우를 만든다. 버터는 미리 실온에 두어 말랑말랑해지면 슈거파우더를 넣어 잘 섞은 다음 박력분을 체에 쳐 넣고 소금과 달걀흰자를 넣어 반죽한다.

❷ 반죽을 비닐에 넣어 냉장실에서 30분~1시간 정도 휴지시킨다.

❸ 아몬드 크림을 만든다. 버터는 실온에 두어 말랑말랑해지면 슈거파우더를 넣어 잘 섞은 다음 달걀을 풀어 두세 번에 나누어 넣으며 섞는다.

❹ 박력분과 아몬드가루를 체에 쳐서 ❸에 넣어 반죽한다.

❺ 휴지시킨 도우를 방망이로 밀어 타르트틀에 성형하고 포크로 구멍을 낸다.

딸기를 물에 씻지 않고 장식하는 경우도 있지만 아이 간식이니 딸기는 물에 가볍게 씻어 얹으세요.

❻ 아몬드 크림을 3분의 1 정도 채우고 170℃로 예열한 오븐에서 30분 정도 구워 식혀 딸기잼을 살짝 바르고 딸기 8개를 올려 장식한다.

아름다운 리사이클 푸드
브레드 푸딩

남은 식빵이나 딱딱해진 빵들을 이용해서 만든 푸딩이라고 무시하면 큰코다칠 간식이에요. 유제품에 식빵과 과일을 넣어 부드러우면서 달콤하고 영양도 만점이거든요. 작은 그라탱 용기에 담아 구워서 바로 먹어야 맛있어요.

2인분
요리 시간 30분

오븐
200℃, 20분

재료
달걀 1개
설탕 35g
소금 2g
바닐라 빈 1/4개
생크림 3/4컵

우유 80㎖
식빵 2장 바나나 1개
건과일(프룬, 크랜베리 등) 1/2줌
견과류 1

대체 식재료
바닐라 빈 ▶ 바닐라 오일 또는 바닐라 에센스

바닐라 빈은 베이커리 재료상에서 구입할 수 있는데 반으로 쪼개어 가운데를 긁어서 사용해요.

❶ 달걀은 잘 풀어서 설탕, 소금, 바닐라 빈을 넣어 섞는다.

❷ ①에 생크림과 우유를 섞는다.

식빵이나 바게트 등 딱딱해진 빵을 사용하세요.

❸ 오목한 그릇에 식빵 1장을 4등분하여 깔고 ②를 넣어 적신다.

❹ 나머지 식빵 1장은 깍두기 모양으로 썰고 바나나는 어슷하게 썬다.

❺ ③에 빵, 바나나, 건과일, 견과류를 번갈아 담는다.

❻ ②를 자작하게 붓고 200℃로 예열한 오븐에서 윗부분이 노릇해질 때까지 20분 정도 굽는다.

세 가지 재료로 만든
콘플레이크 초코 스틱

어릴 적에는 옥수수, 쌀이나 딱딱해진 떡을 "뻥이요" 하는 소리와 함께 튀겨주는 아저씨들이 있었어요. 요즘은 시골장에나 가야 볼 수 있지요.
요즘 아이들에게 강냉이 같은 존재는 콘플레이크 아닐까요.
우유와 콘플레이크에 숟가락만 챙겨주다가 새로운 레시피를 만들었어요.

효자 식재료

크랜베리 블루베리와 함께 항산화 성분을 함유한 과일로 알려진 크랜베리. 주스나 소스 등 다양한 제품으로 선보이고 있는데요. 콘플레이크와 함께 스틱으로 만들면 아이들 영양 간식으로 그만이에요.

2인분
요리 시간 10분

재료
다크 초콜릿 50g
콘플레이크 1컵
크랜베리 1

대체 식재료
다크 초콜릿 ▶ 마시멜로
콘플레이크 ▶ 다진 해바라기 씨 또는 다진 아몬드

❶ 다크 초콜릿은 중탕으로 녹인다.

❷ 콘플레이크는 비닐백에 넣어 굵게 부수고 크랜베리는 굵게 다진다.

> 콘플레이크는 단맛이 적은 플레인맛으로 사용하세요.

❸ 콘플레이크에 크랜베리와 중탕으로 녹인 다크 초콜릿을 넣어 섞는다.

❹ 사각틀에 ③을 채우고 막대 모양 비스킷이나 나무 막대를 꽂아 냉장고에서 굳힌다.

초간단 초감동
바나나 프렌치 토스트

요즘 아이들은 바나나를 흔해빠진 과일로 여기죠.
귀하신 몸으로 극진한 대우를 받던 때도 있었는데 말이에요.
부드러운 프레치 토스트는 옛 영광을 그리워할 달콤한 바나나가 꼭 필요한 레시피랍니다.
흔해빠진 바나나의 숨겨진 맛을 아이들에게 보여주세요.

효자 식재료

식빵 바쁜 엄마가 가장 쉽게 만들어줄 간편 간식 재료. 요즘에는 건강한 곡물 식빵이나 호밀식빵, 우리밀식빵 등 선택의 폭이 넓어졌어요.

2인분
요리 시간 20분

재료
식빵(2~3cm 두께) 2장
바나나 1개
크림치즈 2
우유 1/2컵
달걀 1개
소금 약간
버터 약간
슈거파우더 약간

대체 식재료
우유 ▶ 생크림

> 식빵은 통밀식빵을 구입하거나 두꺼운 식빵을 사용하세요. 식빵 모서리는 잘라내지 않아도 돼요.

❶ 식빵의 옆면에 가로로 칼집을 넣고 모서리를 잘라내고 바나나는 납작하게 썬다.

> 우유 대신 생크림을 넣으면 더 부드러워요.

❷ 크림치즈를 포크나 거품기로 잘 으깨어 부드럽게 풀고 우유와 달걀을 잘 섞고 소금으로 간한다.

❸ 식빵에 난 칼집 부분에 바나나와 크림치즈를 채워 넣는다.

❹ ③의 우유 달걀물에 식빵을 담갔다가 건져 팬에 버터를 두르고 지져 식빵의 가장자리를 잘라내고 적당한 크기로 잘라 슈거파우더를 뿌린다.

93 밤 두유

밤은 특별한 간을 하지 않아도 맛있고 영양도 꽉 차 있어 딸아이에게 가장 많이 먹였던 이유식 재료인데 간식으로도 즐겨 먹여요.

2인분
요리 시간 10분

재료
밤 5개
꿀 2
뜨거운 물 1/4컵
콩국물 1컵

대체 식재료
꿀 ▶ 올리고당, 메이플 시럽

효자 식재료

밤 5대 영양소를 골고루 함유하고 칼슘과 철 등도 풍부하여 허약한 사람에게 좋은 보양식이에요. 그래서 이유식이나 회복식에 단골 재료로 사용되지요. 밤은 삶거나 구우면 특유의 풍미가 짙어지고, 소화도 더 잘 된다고 해요. 상온에 보관하면 벌레가 생기므로 비닐백 등에 담아 냉장고에 넣어두면 2개월 정도는 보관할 수 있어요.

❶ 밤은 껍질을 벗기고 푹 삶는다.

❷ 밤은 뜨거울 때 곱게 으깨어 꿀과 섞는다.

❸ 밤에 뜨거운 물 1/4컵을 넣어 거품기로 젓는다.

❹ 콩국물을 데워 밤에 섞는다.

> 시판 콩국물을 이용하거나 대두를 4시간 정도 불려 삶아 곱게 갈아 체에 걸러 사용하세요.

✳✳✳✳✳✳✳✳✳✳

2인분
요리 시간 1시간

재료
냉동 딸기 300g
플레인 요구르트 1/2컵
레몬 절임 1

대체 식재료
냉동 딸기 ▶ 냉동 블루베리, 크랜베리 등의 냉동 과일

효자 식재료

레몬 비타민 C의 상징인 레몬. 레몬은 모두 수입되는 줄 알고 있었는데 제주도에서도 레몬을 생산한다 하네요. 국산 레몬은 향기가 진하고 껍질이 두꺼운 것이 특징이라고 해요.
수입산 레몬을 구입했다면 왁스가 묻은 껍질은 흐르는 물에 굵은소금으로 문질러 씻어 끓는 물에 살짝 데쳐 사용하세요.

딸기 프로즌 요구르트 94

사시사철 쉽게 구할 수 있는 딸기이지만 노지에서 자란 딸기를 제철에 구입해 냉동 보관했다가 간식에 두루 활용하세요.

레몬 절임은 설탕과 레몬을 1:1로 절여 일주일 정도 두면 되는데 이때 설탕이 녹아 시럽처럼 돼요

❶ 푸드 프로세서에 냉동 딸기, 플레인 요구르트, 레몬 절임을 넣어 곱게 간다.

❷ 냉동실에 넣어 20분 정도 얼려 아이스크림 스쿠퍼를 이용해 그릇에 담아 내거나 과자 등에 올린다.

95 단호박 식혜

친정엄마표 식혜는 단호박을 넣어 색다른 맛이 나요. 설탕을 많이 넣지 않아도 달고 구수한 맛이 나니 아이들에게도 만들어주세요.

20인분
요리 시간 5시간

재료
단호박 1/2개
물 4컵
엿기름 150g
미지근한 물 2컵
찬밥 2컵
물 4컵
설탕 1/2컵
잣 적당량

> 봄철에 나온 보리의 싹을 주머니에 넣어 싹을 틔워 말려 곱게 갈면 엿기름이 돼요.

> 일반 식혜보다 보관 기간이 짧으니 양이 많다면 냉동 보관하세요.

❶ 단호박은 토막 내어 껍질을 벗기고 씨를 빼내어 얇게 썰어 물 4컵을 붓고 15분 정도 푹 삶은 다음 면포에 넣고 주물러 호박물을 짜낸다.

❷ 따끈한 호박물에 엿기름과 미지근한 물을 넣어 1시간 정도 담갔다가 주물러서 고운체에 밭쳐 그대로 두어 앙금을 가라앉힌다.

❸ ②의 호박 엿기름물을 윗물만 따라내어 밥통에 붓고 찬밥을 넣어 밥통에서 4시간 정도 발효시킨다.

❹ 밥알이 뜨면 삭힌 단호박 식혜에 물 4컵을 더 붓고 끓이다가 설탕을 넣고 불에서 내려 차게 식혀 먹기 직전에 잣을 띄운다.

고구마 바나나 드링크 96

대표적인 웰빙 간식거리인 삶은 고구마로 시간 없을 때 후다닥 만들 수 있는 음료예요. 밤고구마, 호박고구마 모두 환영해요.

2인분
요리 시간 20분

재료
자색 고구마 1개
바나나 1/2개
아몬드가루 0.3
우유 2컵
꿀 0.5

대체 식재료
자색 고구마 ▶ 호박고구마 또는 밤고구마
아몬드가루 ▶ 땅콩, 호두, 잣 등의 견과류
꿀 ▶ 아가베 시럽

효자 식재료

꿀 〈동의보감〉에 꿀은 '맛은 달고 독은 없으며 오장을 편안하게 하고 기를 이롭게 한다'고 쓰여 있는데요. 어린이들의 발육에 필요한 좋은 영양분을 제공한다고도 해요. 아이용 음료에는 설탕 대신 꿀을 주로 넣어요. 요즘에 엄마들의 필수품으로 자리 잡은 아가베 시럽도 괜찮고요.

양이 많으면 찜통에 찌거나 삶으세요.

❶ 자색 고구마는 잘 씻어서 랩을 씌우고 전자레인지에서 1분 30초 정도 익힌다.

❷ 익힌 고구마는 네모나게 썬다.

냉동 바나나를 넣어도 돼요.

❸ 바나나는 껍질을 벗기고 큼직하게 썬다.

❹ 자색 고구마, 바나나, 아몬드가루, 우유, 꿀을 믹서에 넣어 곱게 간다.

97 파프리카 라씨

아이들은 유난히 채소를 싫어하죠. 채소 음료도 잘 먹지 않는 아이에게 건강 음료를 만들어주세요.

2인분
요리 시간 20분

재료
파프리카 1개
설탕 2
플레인 요구르트 1컵
조각얼음 2~3개

대체 식재료
파프리카 ▶ 복숭아 또는 사과, 바나나, 망고

효자 식재료

파프리카 화분에 파프리카 모종을 심어 키우면 신기하게도 아이가 파프리카 요리를 맛있게 먹더라고요. 채소를 먹이고 싶다면 베란다 텃밭을 가꾸는 것도 방법이에요.

껍질을 벗겨 갈면 파프리카의 향이 약간 줄어들고 단맛이 증가되어 아이들이 더 좋아해요.

요구르트는 요구르트 제조기나 오븐의 발효 기능을 이용하여 우유에 플레인 요구르트를 넣어 발효시켜 만들어도 돼요.

❶ 파프리카는 집게로 집어서 가스 불에 골고루 태운다.

❷ 구운 파프리카를 비닐백에 넣어 수분이 생기면 껍질을 벗긴 다음 물에 깨끗이 씻어 적당한 크기로 자른다.

❸ 믹서에 파프리카, 설탕 2, 플레인 요구르트 1컵, 조각얼음 2~3개를 넣고 곱게 간다.

❹ 컵에 파프리카 라씨를 담는다.

2인분
요리 시간 20분

재료
오렌지 2개
레몬 1/2개
설탕 2
얼음 1컵
레몬 제스트 약간

오렌지 슬러시 98

시장에 함께 가면 딸아이는 색소가 잔뜩 섞인 슬러시 가게 앞에서 발걸음을 멈춰요. 딸아이에게 진짜 슬러시를 먹이려고 여름에는 틈만 나면 슬러시를 만들어요.

오렌지는 양 끝을 잘라내고 세로로 칼집을 낸 다음 손으로 껍질을 벗기면 쉽게 벗길 수 있어요.

레몬 제스트는 레몬 껍질을 얇게 저며 곱게 채 썰거나 강판에 껍질을 곱게 간 것으로 없으면 안 넣어도 돼요.

❶ 오렌지는 껍질을 벗기고 한입 크기로 썬다.

❷ 레몬은 즙을 낸다.

❸ 믹서에 오렌지, 레몬즙, 설탕 2, 얼음 1컵을 넣어 곱게 간다.

❹ 슬러시를 담고 레몬 제스트를 올린다.

99 도련님 우유 빙수

직접 조린 팥과 우유를 얼려 간,
우리 도련님이나 공주님을 위한 고급 빙수예요.

2인분
요리 시간 30분

주재료
우유(200㎖) 1개
팥조림 4
제철 과일 100g
콘플레이크 2

팥조림 재료
팥 1/4컵
설탕 2
물엿 1
소금 약간

대체 식재료
콘플레이크 ▶ 견과류

우유는 물처럼 단단하지 않아 실온에 잠깐 두면 방망이로 쉽게 부셔져요.

❶ 냄비에 팥 1/4컵을 넣고 물 1컵을 부어 3분 정도 삶아 첫 물은 따라 버리고 다시 물 4컵을 부어 약한 불로 은근히 삶는다.

❷ 팥이 부드럽게 삶아지면 설탕 2, 물엿 1, 소금 약간을 넣어 10분 정도 약한 불로 졸여 완전히 식힌다.

❸ 우유는 팩째 얼려 껍질을 벗기고 빙수기에 갈거나 방망이로 부순다.

❹ 그릇에 우유 얼음을 담고 제철 과일은 먹기 좋게 썰어 얹고 팥조림과 콘플레이크를 얹는다.

석류 흑초 빙수 100

2인분
요리 시간 50분

재료
석류 흑초 1/2컵
물 2컵
찹쌀떡 1개
대추 1개
미숫가루 2
연유 1

여름이 되면 딸아이는 제빙기에 얼음 가는 재미로 매일 빙수를 만들어 달라고 졸라요. 덕분에 얼음 가느라 엄마 팔은 뽀빠이 팔이 되지요.

효자 식재료

흑초 건강에 좋다는 식초 음료가 꾸준히 사랑받고 있는데요. 흑초는 현미만을 자연 발효시켜 만든 제품이에요. 주로 물이나 우유, 두유에 타서 마시다가 여름이 되면 물에 흑초를 섞어 얼렸다가 빙수로 만들어 아이 간식으로 주기도 해요.

> 석류 흑초, 벌꿀 흑초, 프룬 흑초, 블루베리 흑초 등 다양한 맛의 시판 흑초를 이용하세요.

❶ 석류 흑초에 물 2컵을 희석하여 용기에 넣어 얼음을 얼린다.

❷ 찹쌀떡은 먹기 좋은 크기로 썬다.

❸ 대추는 돌려깎기해서 돌돌 말아 꽃 모양으로 썬다.

❹ 석류 흑초 얼음을 빙수기에 갈아 그릇에 담고 찹쌀떡, 미숫가루, 연유를 뿌리고 대추꽃을 올린다.

101 녹여 먹는 핫초코

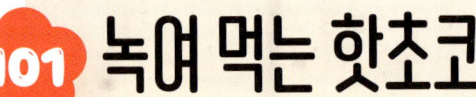

덩어리로 만들어 살살 녹여 먹는 핫초코는 딸아이가 친구와 다투고 온 날 화해 사절단으로 만드는 간식이에요.

2인분
요리 시간 20분

재료
생크림 50g
다크 초콜릿 100g
버터 10g
설탕 30g
우유 2컵

> 물이 끓어 넘쳐 중탕냄비에 들어가지 않도록 주의하세요.

❶ 생크림과 다크 초콜릿은 중탕냄비에 넣어 녹인다.

❷ 다크 초콜릿이 녹으면 버터와 설탕을 넣어 잘 섞는다.

❸ 작은 베이킹 컵이나 얼음틀에 생초콜릿을 붓고 나무 막대를 꽂아 굳힌다.

❹ 초콜릿이 굳으면 뜨거운 우유에 넣어 녹여가면서 먹는다.

4인분
요리 시간 1시간

재료
바닐라 빈 1/4개
우유 1컵
생크림 1컵+1/2컵
달걀노른자 2개분
설탕 5
다크 초콜릿 100g
우유 약간

대체 식재료
다크 초콜릿 ▶ 과일

효자 식재료

다크 초콜릿 초콜릿은 아이들이 좋아하는데요. 어른이 먹어도 건강에 좋다고 해요. 초콜릿을 정기적으로 먹은 사람이 체질량지수가 낮아 다이어트에 도움이 된다는 '타임'지 기사를 읽은 적이 있어요.

초콜릿 아이스크림 102

"아이스께끼~" 엄마의 어린 시절 아이스바는 호사스러운 간식이었어요. 오늘날 호사스러운 간식은 엄마가 직접 만든 아이스크림 아닐까요.

너무 뜨거울 때 부으면 달걀노른자가 익을 수도 있으니 식혀 넣으세요.

다크 초콜릿은 잘게 다져 넣으면 빨리 녹아요.

❶ 바닐라 빈은 세로로 반 갈라 칼로 속을 긁어낸 다음 바닐라 빈 껍질, 우유, 생크림과 함께 냄비에 넣는다.

❷ 냄비 바닥에 눌어붙지 않도록 저으면서 우유와 생크림이 뜨거워지면 불을 끄고 10분 정도 지나면 바닐라 빈 껍질은 꺼낸다.

❸ 볼에 달걀노른자와 설탕을 넣어 거품기로 옅은 노란색이 나도록 잘 저은 다음 ②를 조금씩 부어 골고루 섞는다.

❹ 중탕냄비에 ③을 올려 주걱으로 저으면서 다크 초콜릿을 넣고 나무 주걱으로 떠서 손가락으로 긁었을 때 주걱에 자국이 남을 정도의 농도가 되면 식힌다. 용기에 넣어 얼린 다음 푸드 프로세서에 우유와 함께 넣어 간다.

PART 3
특별한 날 힘주기 딱! 엄마의 스페셜 요리 17

아이의 오감을 발달시키는 키즈 쿠킹
캐릭터 도시락

도시락의 추억이란 요즘 아이들에게는 생경한 말일 거예요. 그래도 가끔은 주말 도시락을 싸주세요. 함께 요리를 하면 아이들의 오감을 자극하여 EQ가 좋아지거든요. 또 아이들은 직접 만든 음식에는 매우 관대해서 평소에 잘 먹지 않는 채소나 밥도 맛있게 잘 먹는답니다.

캐릭터 도시락, 하나
반짝반짝 노란 별

형, 누나처럼 눈, 코, 입을 만들어 장식하는 게 어려운 어린아이라면
별 모양 주먹밥 도시락을 만드세요. 별 모양틀 외에 아이가 좋아하는 동물 모양이나
하트 모양틀을 사용해도 된답니다.

2인분
요리 시간 40분

주재료
쌀 1컵
카레가루 0.3
물 1컵
장조림 약간

장식 재료
치커리 · 당근 약간씩

❶ 쌀은 씻어 20분 정도 불려 카레가루를 섞고 물 1컵을 붓고 밥을 짓는다. 장조림은 곱게 다지고 별 모양틀에 카레밥을 채우고 장조림을 넣은 다음 다시 밥을 채워 누르고 틀에서 뺀다.

❷ 당근은 작고 동그란 모양찍개로 찍어 장식하고 치커리는 적당한 크기로 뜯어 밥 위에 장식한다.

별 모양 주먹밥 속에 쇠고기를 다져 넣었는데, 참치와 마요네즈, 김치볶음, 햄볶음 등 아이가 좋아하는 재료로 살짝 바꿔도 좋아요.

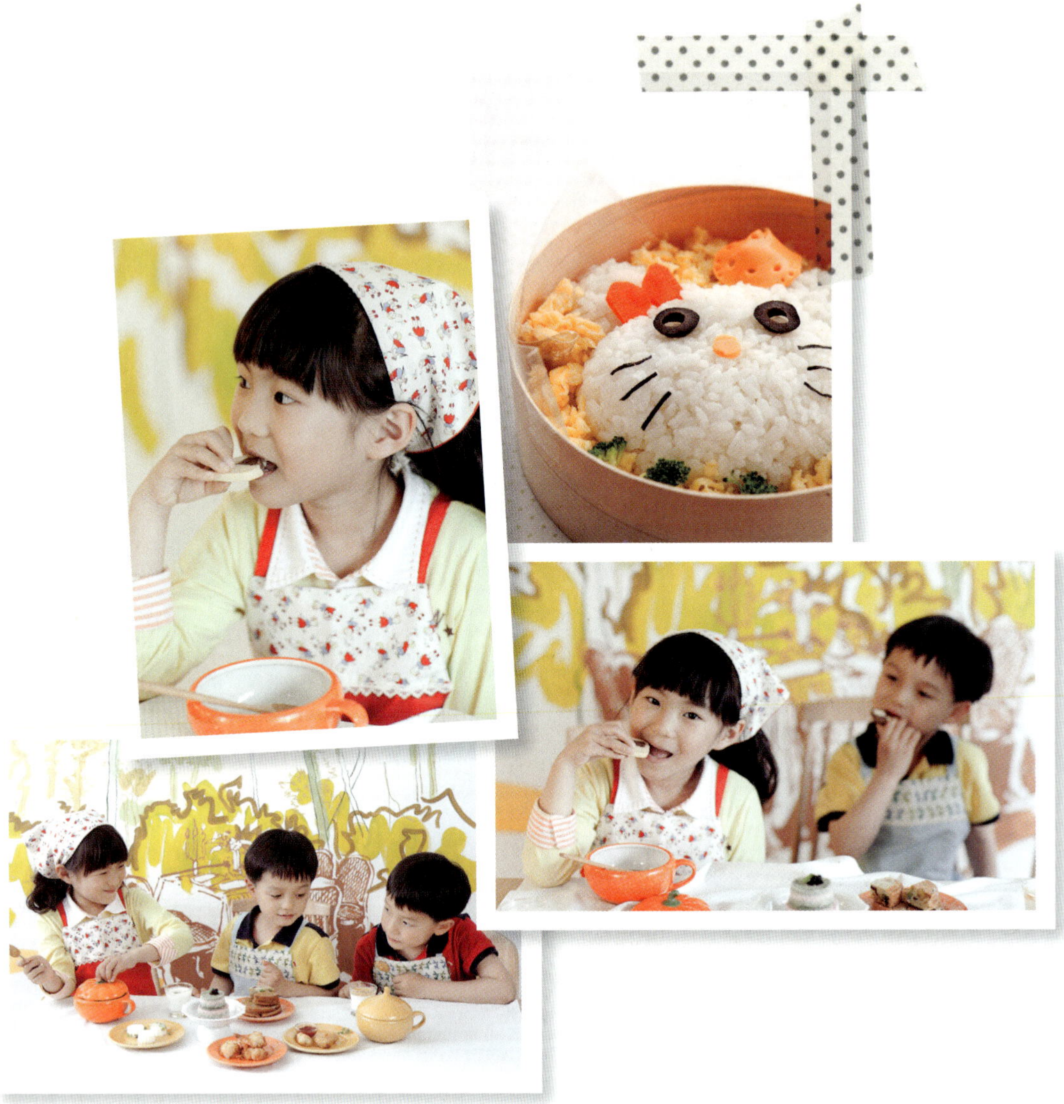

캐릭터 도시락, 둘

당근 리본 야옹이

아이들이 좋아하는 동물을 캐릭터 도시락으로 만들어보세요. 당근이나 김을 잘라 장식 재료를 만들 때 아이들의 집중력에 깜짝 놀랄 거예요. 평소 집중력이 좋지 않은 아이라도 실수를 하지 않기 위해 놀라운 집중력을 발휘하니까요.

1인분
요리 시간 25분

주재료
밥 1공기
소금 약간
참기름 약간
당근 1/8개
양파 1/6개
다진 쇠고기 50g
식용유 적당량
달걀 1개

쇠고기 양념 재료
간장 1
설탕 0.5
참기름 1
다진 마늘 0.3
후춧가루 약간

장식 재료
올리브 · 김 · 슬라이스 햄 ·
당근 약간씩

> 슬라이스 햄 대신 치즈를 사용해도 돼요.

> 브로콜리나 치커리를 달걀과 함께 채우면 영양에도 좋고 도시락의 모양이 흔들리지 않아 보기에도 좋아요.

❶ 밥은 따끈하게 데워 소금과 참기름을 넣어 고루 섞고 당근과 양파는 잘게 다진다. 쇠고기는 간장 1, 설탕 0.5, 참기름 1, 다진 마늘 0.3, 후춧가루 약간을 넣어 양념하여 달군 팬에 식용유를 두르고 볶다가 다진 당근과 양파를 넣어 볶는다. 밥에 볶은 쇠고기를 채우고 뭉쳐 얼굴 모양을 만든다.

❷ 올리브는 얇게 썰고 수염으로 사용할 김은 가늘게 자르고 슬라이스 햄은 동그란 모양찍개로 찍고 당근은 리본 모양으로 자른다.

❸ 도시락 용기에 뭉친 밥을 담고 준비한 재료로 얼굴 모양을 만들고 달걀은 스크램블하여 채운다.

> 도시락의 모양을 처음처럼 유지하고 싶다면 용기의 빈 공간에 도시락과 어울릴 만한 채소나 반찬, 과일을 넣어 고정시키세요.

 캐릭터 도시락, 셋

빨간 코 주먹밥맨

캐릭터 도시락은 식재료로 눈, 코, 입 등을 만들어 장식하는데요. 아이들이 자르고 찍는 과정에서 창의력 향상에 도움이 된다고 해요. 또 물이 끓어오르는 모습을 보면서 과학의 원리를, 엄마와 이야기를 나누며 요리를 하다 보면 친밀감도 형성되고요. 캐릭터 도시락 세 번째 스타는 빨간 코가 매력적인 주먹밥맨입니다.

1인분
요리 시간 10분

주재료
밥 1공기
소금 · 참기름 약간씩
토마토케첩 1

장식 재료
방울토마토 · 블랙 올리브 약간씩
슬라이스 햄 · 김 · 치커리 약간씩

❶ 따끈한 밥에 소금과 참기름을 섞은 다음 토마토케첩을 섞어 얼굴색을 만들어 동글납작한 모양으로 단단하게 뭉친다.

❷ 방울토마토와 블랙 올리브는 반으로 자른다.

김 오리기는
엄마가
도와주세요.

❸ 모양찍개를 이용해 슬라이스 햄을 찍고 김은 눈썹과 눈, 입 모양으로 오린다.

❹ 밥 위에 방울토마토, 블랙 올리브, 김, 햄을 이용해 장식하고 치커리를 적당한 길이로 잘라 머리를 장식한다.

설레는 소풍날 아이들의 어깨가 으쓱~
소풍 도시락

요즘 엄마들은 아이 키우랴, 집안일하랴, 직장까지 다니는 등 진짜 슈퍼우먼으로 살기 바쁘지요. 하지만 좀만 더 힘을 내서 봄과 가을 소풍 때만큼은 직접 싼 도시락을 아이 손에 들려 보내면 어떨까요.

106 우리 애 나물귀신 만드는
나물밥 크로켓 도시락

아이들 입맛에는 나물마다 나는 독특한 향이 싫을 수도 있겠지요.
아이들이 좋아하는 크로켓에 넣으면 나물도 좋아하게 되지 않을까요.

2인분
요리 시간 40분

주재료
밥 2공기
시금치나물 1줌
다진 돼지고기 50g
밀가루 · 달걀물 적당량씩
빵가루 · 튀김기름 적당량씩
과일 · 치커리 약간씩

돼지고기 양념 재료
간장 1
설탕 0.3
맛술 0.5
다진 파 1
다진 마늘 0.5
참기름 · 깨소금 · 후춧가루 약간씩

오이 토마토 샐러드
오이 1/4개
방울토마토 4개
스트링 치즈 1개
올리브오일 1
식초 1
소금 · 후춧가루 약간씩

❶ 시금치나물은 잘게 다진다.

❷ 다진 돼지고기는 간장 1, 설탕 0.3, 맛술 0.5, 다진 파 1, 다진 마늘 0.5, 참기름과 깨소금, 후춧가루 약간씩으로 양념하여 팬에 식용유를 두르고 고슬고슬하게 볶는다.

❸ 밥에 시금치와 다진 돼지고기를 넣어 섞고 소금으로 간하여 동그랗게 뭉친다.

❹ 밥에 밀가루, 달걀물, 빵가루 순으로 튀김옷을 입혀 180℃의 튀김기름에 노릇노릇하게 튀긴다.

❺ 오이, 방울토마토, 스트링 치즈는 먹기 좋게 썰어 올리브오일 1, 식초 1, 소금과 후춧가루를 넣어 버무린다.

❻ 도시락에 준비한 재료와 과일, 치커리를 보기 좋게 담는다.

107

아빠도 싸달라고 조르는

달걀 오믈렛과 버섯불고기 도시락

도시락은 식어도 맛있게 먹을 수 있어야 하고, 들고 다녀도 모양이 많이 흩어지지 않으면 좋아요. 달걀 오믈렛은 그런 도시락 중 하나예요. 이 도시락은 손이 많이 가지 않으니 사랑하는 아이들을 위해 도시락을 싸면서 덤으로 남편 도시락도 준비해보세요.

2인분
요리 시간 40분

주재료

밥 1공기
쇠고기(불고기감) 150g
양파 · 피망 · 당근 약간씩
달걀 1개
느타리버섯 1/4팩
토마토케첩 1
소금 · 후춧가루 약간씩
식용유 적당량

쇠고기 양념 재료

간장 1
굴소스 0.3
설탕 0.5
맛술 1
다진 파 1
다진 마늘 0.5
참기름 · 깨소금 · 후춧가루 약간씩

장식용 재료

브로콜리 · 방울토마토 · 치커리 약간씩

❶ 쇠고기는 먹기 좋게 썰어 간장 1, 굴소스 0.3, 설탕 0.5, 맛술 1, 다진 파 1, 다진 마늘 0.5, 참기름과 깨소금, 후춧가루 약간씩을 넣어 버무린다.

❷ 양파, 피망, 당근은 다지고 달걀은 소금을 약간 넣어 곱게 풀고 느타리버섯은 밑동을 잘라 가닥가닥 뗀다.

❸ 팬에 양파, 당근, 피망을 넣어 2분 정도 볶다가 밥을 넣어 볶고 토마토케첩을 넣고 소금과 후춧가루로 간한다.

❹ 팬에 달걀물을 넣어 사각형으로 부쳐 볶음밥을 넣고 오믈렛을 만들어 가운데 칼집을 넣는다.

❺ 팬에 식용유를 두르고 쇠고기와 버섯을 센 불에서 볶는다.

❻ 도시락에 준비한 재료를 담고 브로콜리, 방울토마토, 치커리로 장식한다.

청포도와 방울토마토를 나무꼬치에 꿰어 담아도 좋아요.

아주 색다르게 해산물 먹이기
오징어 꼬치구이 도시락

아이의 식성은 부모와 똑같다고 보면 돼요. 우리 아이가 편식한다고 걱정하는 부모님들은 평소 밥상부터 점검해보세요. 해산물을 잘 먹지 않는 아이들을 위해 마련한 도시락이에요. 예쁜 도시락에 오징어 꼬치구이 도시락을 담아 친구들과 함께 먹으면 아이도 맛있게 먹을 거예요.

2인분
요리 시간 40분

주재료

밥 2공기
오징어(몸통) 1마리
데리야키 소스 2
비엔나소시지 4개
잔멸치조림 2
다진 단무지 2
송송 썬 실파 약간
토마토케첩 약간

밥 양념 재료

소금·참기름 약간씩

곁들임 재료

과일, 장식용 채소

대체 식재료

비엔나소시지 ▶ 브로콜리, 버섯

❶ 밥은 소금과 참기름을 넣어 고루 섞는다.

❷ 오징어 몸통에 칼집을 넣어 먹기 좋게 썰어 데리야키 소스에 5분 정도 재웠다가 꼬치에 꿰어 팬에 노릇노릇하게 굽는다.

❸ 비엔나소시지는 칼집을 넣어 팬에 식용유를 두르고 볶는다.

❹ 도시락에 밥을 담고 잔멸치조림과 다진 단무지를 뿌리고 실파를 뿌린다.

❺ 오징어 꼬치와 소시지를 함께 담고 과일과 채소로 장식한다.

아주 색다르게 해산물 먹이기

붕어 모양밥과
닭고기 채소조림 도시락

사랑하는 사람들을 위해서는 여러 가지 아이디어가 떠올라요. 남편과의 연애 시절보다 아이 도시락을 더 즐겁게 쌀 수 있는 이유는 남편보다 아이를 사랑하는 마음이 크기 때문일까요? 아이들을 위한 사랑은 영원하기에 엄마는 오늘도 예쁜 도시락을 만들어요.

2인분
요리 시간 40분

주재료
밥 2공기
소금 약간
토마토케첩 2
닭 가슴살 1조각
당근(4cm) 1/2토막
어묵 4개
꽈리고추 2개
식용유 적당량
김·햄 약간씩

닭고기 조림장 재료
간장 2
설탕 0.3
물엿 1
맛술 1
다진 마늘 0.3
참기름 약간

곁들임 재료
과일·무순·치커리 약간씩

❶ 밥에 소금 약간과 토마토케첩 2를 넣어 고루 섞는다.

❷ 닭 가슴살, 당근, 어묵은 먹기 좋은 크기로 썰고 꽈리고추는 꼭지를 떼고 작게 썬다.

❸ 냄비에 식용유를 두르고 닭 가슴살과 당근을 볶다가 닭 가슴살이 익으면 간장 2, 설탕 0.3, 물엿 1, 맛술 1, 다진 마늘 0.3, 참기름을 넣어 졸인다.

❹ 밥은 붕어 모양으로 만들어 김과 햄으로 장식한다.

❺ 도시락에 붕어 모양밥과 닭고기 채소조림을 담고 과일, 무순, 치커리로 장식한다.

엄마 손으로 직접 차리는 정성 가득
생일 파티 요리

아이들의 생일 파티, 가족끼리 밥만 먹고 넘기기에는 아이에게 미안하고 친구들 부르면 요리할 일이 걱정이고…. 엄마 혼자서 장봐다가 혼자서 요리할 수 있는, 아이들이 좋아하는 특별한 생일 파티 레시피를 소개할게요.

110

엄마 최고!
귀여운 야옹이 케이크

섬세하지 못한 이 엄마는 딸아이가 한때 좋아했던 캐릭터와는 어딘가 좀 달라 보이는 야옹이 케이크를 만들어버렸어요. 그래도 우리 딸아이는 엄지손가락을 치켜올리며 똑같다고 찬사를 보내주네요. 그 맛에 케이크를 구워요.

8인분
요리 시간 60분

오븐
170℃, 25분

주재료
달걀 3개
설탕 100g
물엿 30g
박력분 100g
우유 30㎖
식용유 10㎖

장식용 재료
생크림 약간
여러 가지 색소 약간
초콜릿 막대 과자 약간
제철 과일 약간

대체 식재료
색소 ▶ 여러 가지 천연가루

❶ 볼에 달걀, 설탕, 물엿을 넣어 거품을 낸다.

❷ 거품이 잘 나면 체에 내린 박력분을 넣어 섞다가 우유와 식용유를 넣어 섞은 다음 케이크틀에 부어 170℃로 예열한 오븐에서 25분 정도 굽는다.

❸ 생크림은 거품을 내어 일부에만 빨강 천연색소와 검은 천연색소를 약간씩 넣어 섞는다.

❹ 케이크 시트를 반으로 갈라 1장에만 색소를 섞지 않은 흰 생크림을 바르고 손질한 제철 과일을 얹고 나머지 1장으로 덮는다.

❺ 핑크색 천연색소를 넣은 생크림을 케이크 시트에 평평하게 바르고 나무 꼬치로 케이크 윗면에 야옹이 얼굴선을 그린다.

❻ 짤주머니에 여러 가지 색을 낸 생크림을 넣고 얼굴선을 따라 그리고 초콜릿 막대 과자와 과일로 장식한다.

엄마가 만드는 생일 케이크

차가운 고구마 케이크

아이들 생일날 꼭 사야 하는 케이크를 이제 집에서 만드세요.
아이도 어른도 함께 먹을 수 있는 데다가 고구마의 단맛과 생크림의 달콤함이
절묘한 조화를 이룬 케이크예요. 냉장고에 넣어 차갑게 해서 먹으면 더 맛있어요.

효자 식재료

생크림 생크림은 휘핑크림과 프레시 크림이 있어요. 케이크에는 휘핑크림을, 파스타에는 프레시 크림을 사용하세요. 또 생크림은 차갑게 보관해야 쉽게 휘핑할 수 있어요.

6인분
요리 시간 1시간

오븐
170℃, 25분

주재료
박력분 100g
달걀 3개
설탕 100g
물엿 30g
바닐라 에센스 약간
우유 2큰술
식용유 2큰술

고구마 무스 재료
고구마 1개
버터 7g
럼 1작은술
연유 1큰술
커스터드 크림 1/2컵
우유(또는 물) 2큰술
생크림 1/4컵

기타 재료
케이크 가루용 시트 1장
생크림 150g
시럽(설탕 : 물 = 1 : 2) 적당량

❶ 박력분은 체에 내리고 고구마는 삶는다.

❷ 볼에 달걀, 설탕, 물엿을 넣고 거품을 내어 바닐라 에센스를 약간 넣는다.

❸ 거품이 잘 나면 박력분을 넣어 섞다가 우유와 식용유를 넣어 섞은 다음 케이크틀에 부어 170℃로 예열한 오븐에서 25분 정도 굽는다.

❹ 삶은 고구마는 으깨어 버터를 넣고 섞은 다음 럼과 연유를 넣고 골고루 섞는다.

> 커스터드 크림은 커스터드 크림가루 1컵에 물 1ℓ를 넣고 거품기로 2~3분 정도 섞으면 돼요.

❺ ④에 커스터드 크림을 섞고 휘핑한 생크림을 골고루 섞어 고구마를 무스를 만든다.

❻ 윗면을 잘라낸 시트를 2등분하여 시럽을 바르고 시트를 깔고 무스 고구마를 얹은 다음 시트로 덮고 눌러서 평평하게 만든 다음 생크림을 휘핑하여 바르고 장식한다.

케이크에 양파?
양파 파운드케이크

양파는 의외로 단맛이 나는 케이크에 참 잘 어울리는 채소예요.
날로 먹으면 매운맛이 나서 아이들이 거부하지만 익히면 매운맛이 단맛으로 변해
아주 맛있어요. 양파를 싫어하는 아이들을 위한 좋은 간식거리랍니다.

효자 식재료

밀가루 대표적인 수입 식품인 밀가루를 아이에게 먹이기 찜찜하다면 우리 밀로 만든 밀가루나 유기농 밀가루, 통밀가루를 구입해서 케이크나 쿠키, 빵을 만드세요.

6인분
요리 시간 50분

오븐
180℃, 40분

재료
양파 1/2개
박력분 150g
베이킹파우더 3g
바닐라 에센스 약간
버터 120g
설탕 120g
소금 2g
달걀 2개
혼합채소(당근, 옥수수, 완두
콩, 피망 등) 1/2컵

❶ 양파는 껍질을 벗겨 잘게 다진다.

❷ 박력분에 베이킹파우더를 섞어 체에 친다.

❸ 실온에 둔 버터를 거품기로 부드럽게 저어 설탕 120g을 두세 번에 나누어 넣으면서 소금을 넣고 부드럽게 섞는다.

달걀을 한꺼번에 넣으면 버터와 분리되기 쉬우므로 조금씩 나눠 넣으세요.

❹ 달걀에 바닐라 에센스를 잘 풀어서 ③에 조금씩 넣으면서 크림화시킨다.

❺ ④에 체 친 박력분을 넣고 가볍게 섞은 다음 다진 양파와 혼합채소를 넣고 섞는다.

용기의 크기에 따라 오븐에서 굽는 시간은 달라질 수 있어요. 나무 꼬치로 가운데를 찔러보아 묻어나지 않으면 다 익은 것이에요.

❻ 파운드틀에 종이를 깔고 반죽을 70% 정도 채워 180℃로 예열한 오븐에서 40분 정도 굽는다.

만드는 재미가 쏠쏠한
모양 컵케이크

백화점에 가면 색색의 컵케이크에 눈을 뗄 수가 없어요.
이것저것 사와서 먹어보면 속 내용물은 똑같아 실망하곤 하는데,
백화점에서 반짝이는 컵케이크를 보면 자꾸 사고 싶은 충동이 일어요.
그래서 겉모양도 예쁘고 속도 맛있는 컵케이크를 만들었어요.

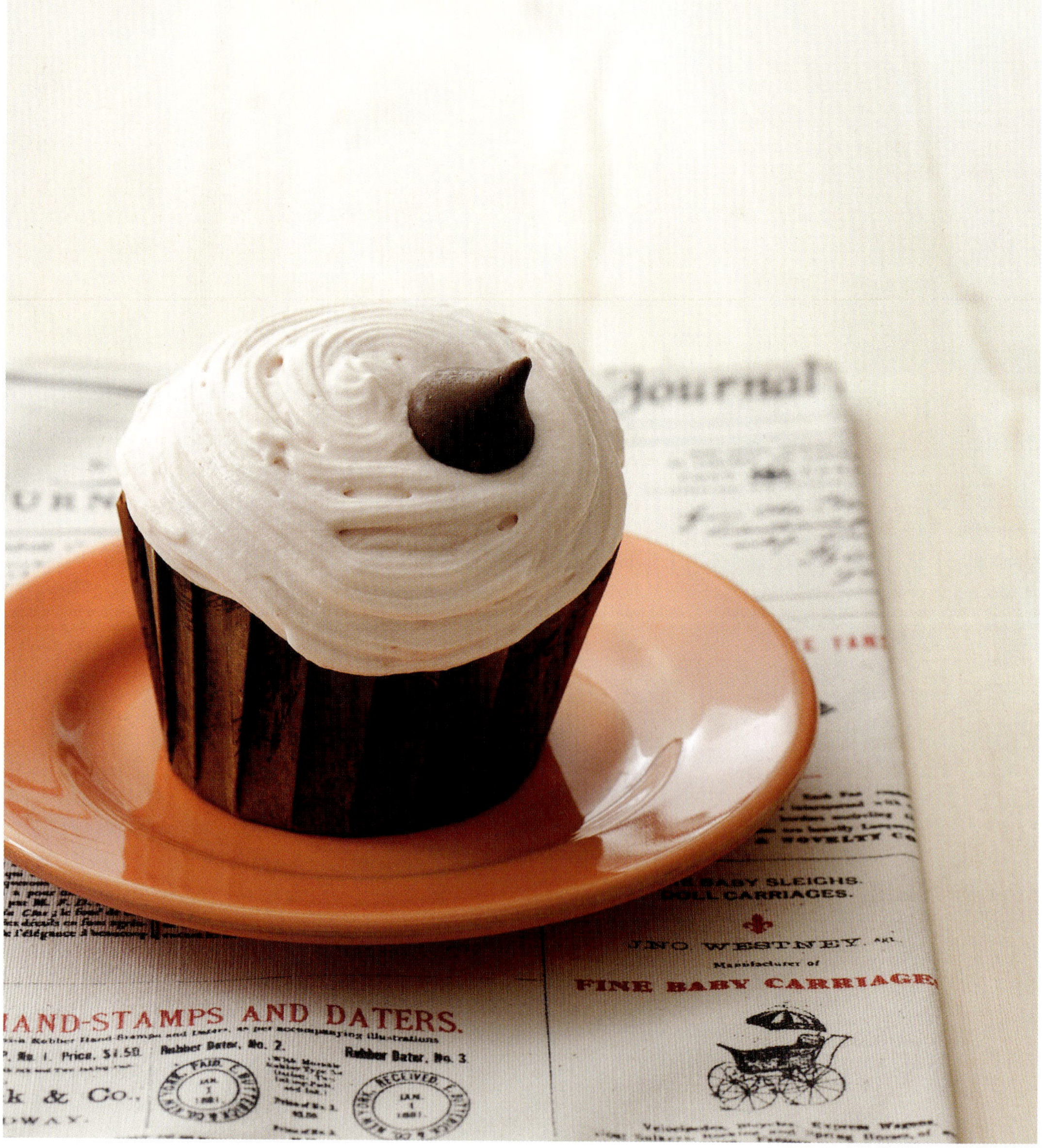

6인분
요리 시간 40분

오븐
170℃, 20~25분

재료
버터 120g
설탕 110g
달걀 2개
박력분 110g
코코아가루 35g
베이킹파우더 1작은술

소금 약간
우유 40g
초코칩 90g
생크림 1컵
여러 가지 식용색소
장식용 초콜릿 6개

대체 식재료
코코아가루 ▶ 치즈가루 또는 딸기가루, 녹차가루

❶ 실온에 두었던 버터는 부드럽게 저어 설탕 110g을 두세 번에 나누어 넣으면서 잘 녹인다.

❷ ①에 달걀 2개를 두세 번에 나누어 넣으면서 부드럽게 섞는다.

❸ 박력분, 코코아가루, 베이킹파우더, 소금을 체에 쳐서 ②에 넣어 섞는다.

❹ ③에 우유와 초코칩을 넣어 짤주머니에 채운다.

❺ 머핀틀에 반죽을 70% 정도 채우고 170℃로 예열한 오븐에서 20~25분 정도 구워 식힌다.

머핀은 완전히 식힌 다음 장식해야 생크림이 녹지 않아요.

❻ 생크림은 거품을 내어서 갈고리 모양의 거품이 만들어지면 식용색소로 2~3가지 색깔을 만들어 장식한 다음 초콜릿을 얹는다.

114 축구공 주먹밥

✳✳✳✳✳✳✳✳✳✳

4인분
요리 시간 20분

주재료

밥 3공기
소금·참기름·깨소금 약간씩
다진 쇠고기 100g
양파 1/4개
식용유 적당량
김밥용 김 1/2장

쇠고기 양념 재료

간장 1
설탕 0.3
다진 파 1
다진 마늘 0.3
고춧가루 0.3
참기름·깨소금 약간씩

😊 **효자 식재료**

김 밥을 잘 안 먹는 아이라도 참기름을 발라 소금 뿌린 김은 잘 먹죠. 조미김보다 그냥 김을 먹이고 싶어 김밥 주먹밥도 자주 만들어요.

💬 김은 접어서 여러 장을 겹쳐 오각형 모양으로 자르면 손쉽게 자를 수 있어요.

❶ 따끈한 밥에 소금, 참기름, 깨소금을 약간씩 넣어 섞는다.

❷ 다진 쇠고기는 간장 1, 설탕 0.3, 다진 파 1, 다진 마늘 0.3, 고춧가루 0.3, 참기름과 깨소금 약간씩으로 양념하고 양파는 다진다.

❸ 팬에 식용유를 두르고 쇠고기와 양파를 볶아 밥과 섞어 동그란 주먹밥을 만든다.

❹ 김은 오각형 모양으로 잘라 주먹밥에 붙여 축구공 모양을 만든다.

✳✳✳✳✳✳✳✳✳✳✳

4인분
요리 시간 30분

주재료

밥 2공기
미나리 1줌
소금 약간
당근 1/2개
김밥용 김 2장
식용유 적당량

단촛물 재료

식초 3
설탕 2
소금 약간

대체 식재료

미나리 ▶ 부추 또는 시금치

꽃 김밥

115

❶ 따끈한 밥에 식초 3, 설탕 2, 소금 약간을 넣고 골고루 섞어 두 덩이로 나누고 미나리는 끓는 물에 데쳐 찬물에 헹구어 물기를 빼고 소금으로 간한다.

❷ 당근은 길이로 가늘게 썰어 끓는 물에 데쳐 반은 그대로 사용하고 반은 곱게 다져 밥 1공기에 섞는다.

❸ 김밥용 김을 세로로 8~10등분하여 가위로 가늘게 잘라 붉은색 밥을 얹고 5개를 만다.

❹ 김 1장에 흰밥을 깔고 붉은색 밥을 모으고 사이사이에 미나리와 당근을 넣어 돌돌 말아 썬다.

116 참치 감자볼꼬치

2인분
요리 시간 30분

주재료
감자(중간 것) 2개
소금 약간
우유 3
소금·후춧가루 약간씩
델큐브 참치 1개
밀가루·달걀·빵가루 적당량씩
튀김기름 적당량

칠리소스 재료
토마토케첩 3
물엿 1
칠리소스 0.5

❶ 감자는 껍질을 벗겨 큼직하게 썰어 끓는 물에 소금을 넣고 푹 삶아 뜨거울 때 으깬다. 우유 3을 넣어 섞은 다음 소금과 후춧가루로 간한다.

❷ 네모난 참치는 물기를 빼서 으깬 감자에 넣어 동그랗게 뭉쳐 밀가루, 달걀, 빵가루 순으로 튀김옷을 입힌다.

❸ 180℃의 튀김기름에 참치 감자볼을 바삭하게 튀겨 식힌다.

❹ 참치 감자볼을 꼬치에 2~3개씩 꿰고 토마토케첩 3, 물엿 1, 칠리소스 0.5를 섞어 곁들인다.

치즈 스틱 117

2인분
요리 시간 25분

재료
스트링 치즈 4개
밀가루 1/4컵
달걀 1개
빵가루 1컵
토마토소스 1/4컵
튀김기름 적당량

대체 식재료
스트링 치즈 ▶ 피자 치즈 또는 카망베르 치즈

❶ 스트링 치즈에 먼저 밀가루를 골고루 묻히고 달걀물, 빵가루 순으로 튀김옷을 입힌다.

❷ 스트링 치즈에 달걀물과 빵가루를 한 번 더 입힌다.

❸ 180℃의 튀김기름에 노릇하게 튀긴다.

치즈는 뜨거울 때 먹어야 맛있으니 먹기 전에 바로 튀기세요.

❹ 토마토소스를 살짝 끓여 접시에 담고 치즈 스틱을 올린다.

118 두부 아이스크림

6인분
요리 시간 30분

재료

순두부 100g
두유 1/2컵
소금 약간
생크림 1컵
설탕 3
견과류 약간

대체 식재료

순두부 ▶ 연두부

❶ 순두부는 체에 내려 곱게 으깨서 두유와 소금을 넣고 섞는다.

❷ 차가운 생크림에 설탕을 넣고 단단한 거품이 생길 때까지 휘핑한다.

❸ 생크림에 순두부를 섞어 냉동실에서 2~3시간 얼린다.

❹ 견과류는 마른 팬에 살짝 볶아 다져 장식으로 올린다.

견과류는 아몬드, 호두, 피스타치오 등으로 준비하세요.

8인분
요리 시간 40분

오븐
180℃, 15~18분

흰 쿠키 반죽 재료
버터 70g
슈거파우더 60g
박력분 150g
베이킹파우더 약간
달걀 1/2개

초코 쿠키 반죽 재료
버터 70g
슈거파우더 60g
박력분 135g
코코아가루 15g
베이킹파우더 약간
달걀 1/2개

친구들 선물용 곰돌이 쿠키

버터는 재료를 계량하면서 미리 꺼내 상온에 두어야 말랑말랑해져서 반죽하기 좋아요.

❶ 볼 2개에 실온에 미리 꺼내둔 버터와 슈거파우더를 분량대로 넣고 거품기로 부드럽게 섞어 각각 달걀 1/2개를 조금씩 나누어 넣고 골고루 섞는다.

❷ 흰 쿠키에는 박력분, 베이킹파우더를, 초코 쿠키에는 박력분, 코코아가루, 베이킹파우더를 각각 체에 쳐서 넣고 골고루 섞어 한 덩어리로 뭉친다.

❸ 반죽을 비닐백에 담아 냉장고에 1시간 정도 휴지시켰다가 흰 쿠키 반죽은 0.5cm 두께로 밀어 원형틀로 찍어 곰돌이 얼굴을 만든다.

❹ 초코 반죽은 조금씩 떼 동그랗게 굴려 눈, 입, 귀를 만들어 곰돌이 얼굴에 붙이고 180℃로 예열한 오븐에서 15~18분 정도 굽는다.

가나다순

★ 가
간장 떡볶이 048
감자전 106
견과류 누룽지 072
고구마 기장죽 100
고구마 바나나 드링크 179
고구마 크로켓 074
고구마구이 060
과일 춘권튀김 146
과일 퐁뒤 134
구운 감자와 허브 갈릭 치킨 026
구운 닭가슴살을 넣은 서머 롤 044
군만두 샐러드 138
김치맛 붕어빵 148
깐풍기 030
꼬투리 김밥 076
꽃 김밥 211

★ 나
나물밥 크로켓 도시락 194
녹여 먹는 핫초코 184

★ 다
단호박 수제비 098
단호박 식혜 178
단호박 우유 099
단호박전 103
달걀 오믈렛과 버섯불고기 도시락 196
닭가슴살 크랜베리 샌드위치 126
닭날개 파스타 카레조림 046
닭 마늘조림 036
당근 리본 야옹이 190
대추 드레싱과 과일 샐러드 136
대추 약식 143
더덕 찹쌀가루튀김 052
도련님 우유 빙수 182
두부 강정 038

두부 샐러드 039
두부 아이스크림 214
두부 찹쌀구이 062
두부 피자 124
두부 햄 커틀릿 032
딸기 타르트 168
딸기 프로즌 요구르트 177
땅콩 캐러멜 150
떡 버섯찜 110
떡 피자 122
떡꼬치 049
떡산적 102
떡을 넣은 꼬치 미트로프 040

★ 마
모둠 버섯쌈 080
모양 컵케이크 208

★ 바
바나나 프렌치 토스트 174
바비큐 폭찹 042
반짝반짝 노란 별 188
밤 두유 176
방울토마토잼 샌드위치 128
베이비 슈 158
불고기 피자 126
붕어 모양밥과
닭고기 채소조림 도시락 200
브레드 푸딩 170
빨간 코 주먹밥맨 192

★ 사
삼겹살 미니 꼬치구이 066
상투과자 165
샐러드 슈 159
석류 흑초 빙수 183
손가락 쿠키 154
쇠고기 브로콜리 볶음밥 088
스마일 라이스 오믈렛 114
시금치 두부 오믈렛 116

시원한 소면 096
식빵 롤 샌드위치 130
식빵에 굴린 새우살튀김 057
쑥전 104

★ 아
아이용 라조기 031
양파 파운드케이크 206
양파링튀김 056
엄마가 만든 육포 144
엄마표 치즈 167
오렌지 슬러시 181
오렌지맛 치킨구이 068
오븐구이 한입 돈가스 131
오징어 꼬치구이 도시락 198
오징어 밥 피자 120
오징어링튀김 054
요구르트 스콘 160

★ 자
잣 베이컨 볶음밥 086
쟁반 짜장 094

★ 차
차가운 고구마 케이크 204
찰떡 와플 164
참마 호두구이 064
참치 감자볼꼬치 212
참치 깻잎 김밥 077
참치 두부부침 108
참치버거 샌드위치 127
채소 풋고추튀김 050
초코 크랙 쿠키 156
초콜릿 아이스크림 185
축구공 주먹밥 210
취나물 김밥 078
치즈 감자구이 058
치즈 스틱 213
치킨 트위스터 034
친구들 선물용 곰돌이 쿠키 215

★ 카
카레 주먹밥 090
귀여운 야옹이 케이크 202
컵과일과 과일 꼬치 169
케이준 치킨 샐러드 142
코코넛 샤브레 162
콘플레이크 초코 스틱 172
콩가루말이 밥 082
콩나물 채소만두 112
큐브 쿠키 152
크림소스 떡볶이 111

★ 타
탄두리 치킨 028
토마토 볶음밥 084
토마토 양갱 166

★ 파
파스타 그라탱 118
파인애플 치즈 딥 167
파프리카 라씨 180
팟타이 092
피자 위 샐러드 140

★ 하
흰살 생선 카레전 071
흰살 생선구이 070

요리 시간순

★ ~20분
감자전 106
고구마 바나나 드링크 179
고구마구이 060
과일 춘권튀김 146
과일 퐁듀 134
구운 닭가슴살을 넣은 서머 롤 044
군만두 샐러드 124
김치맛 붕어빵 148
녹여 먹는 핫초코 184
단호박 우유 099
대추 드레싱과 과일 샐러드 136
더덕 찹쌀가루튀김 052
두부 강정 038
두부 샐러드 039
두부 찹쌀구이 062
두부 피자 124
떡꼬치 049
모둠 버섯쌈 080
바나나 프렌치 토스트 174
밤 두유 176
빨간 코 주먹밥맨 192
삼겹살 미니 꼬치구이 066
샐러드 슈 159
쇠고기 브로콜리 볶음밥 088
시금치 두부 오믈렛 116
식빵 롤 샌드위치 130
쑥전 104
오렌지 슬러시 181
찰떡 와플 164
참마 호두구이 064
참치 두부부침 108
축구공 주먹밥 210
취나물 김밥 078
치즈 감자구이 058
컵과일과 과일 꼬치 169
콘플레이크 초코 스틱 172
토마토 볶음밥 084
파인애플 치즈 딥 167
파프리카 라씨 180
팟타이 092
피자 위 샐러드 140
흰살 생선 카레전 071

★ ~30분
간장 떡볶이 048
견과류 누룽지 072
고구마 기장죽 100
고구마 크로켓 074
구운 감자와 허브 갈릭 치킨 026
깐풍기 030
꼬투리 김밥 076
꽃 김밥 211
단호박 수제비 098
단호박전 103
닭가슴살 크랜베리 샌드위치 126
닭 마늘조림 036
당근 리본 야옹이 190
도련님 우유 빙수 182
두부 아이스크림 214
두부 햄 커틀릿 032
땅콩 캐러멜 150
떡 버섯찜 110
떡 피자 122
떡산적 102
떡을 넣은 꼬치 미트로프 040
바비큐 폭찹 042
방울토마토잼 샌드위치 128
불고기 피자 125
브레드 푸딩 170
상투과자 165
손가락 쿠키 154
스마일 라이스 오믈렛 114
시원한 소면 096
양파링튀김 056
엄마표 치즈 167
오븐구이 한입 돈가스 131

오징어 밥 피자 120
오징어링튀김 054
잣 베이컨 볶음밥 086
쟁반 짜장 094
참치 감자볼꼬치 212
참치 깻잎 김밥 077
참치버거 샌드위치 127
채소 풋고추튀김 050
초코 크랙 쿠키 156
치즈 스틱 213
치킨 트위스터 034
카레 주먹밥 090
케이준 치킨 샐러드 142
콩가루말이 밥 082
콩나물 채소만두 112
큐브 쿠키 152
크림소스 떡볶이 111
토마토 양갱 166
파스타 그라탱 118
흰살 생선구이 070

★ ~40분
나물밥 크로켓 도시락 194
달걀 오믈렛과 버섯불고기 도시락 196
닭날개 파스타 카레조림 046
대추 약식 143
모양 컵케이크 208
반짝반짝 노란 별 188
베이비 슈 158
붕어 모양밥과
닭고기 채소조림 도시락 200
식빵에 굴린 새우살튀김 057
아이용 라조기 031
오렌지맛 치킨구이 068
오징어 꼬치구이 도시락 198
요구르트 스콘 160
친구들 선물용 곰돌이 쿠키 215
코코넛 샤브레 162
탄두리 치킨 028

★ ~50분
석류 흑초 빙수 183
양파 파운드케이크 206

★ ~1시간
차가운 고구마 케이크 204
귀여운 야옹이 케이크 202

★ 1시간~
단호박 식혜 178
딸기 타르트 168
딸기 프로즌 요구르트 177
엄마가 만든 육포 144
초콜릿 아이스크림 185

조리법순

★ 밥과 면요리
꼬투리 김밥 076
꽃 김밥 211
단호박 수제비 098
닭날개 파스타 카레조림 046
대추 약식 143
쇠고기 브로콜리 볶음밥 088
스마일 라이스 오믈렛 114
시원한 소면 096
오징어 밥 피자 120
잣 베이컨 볶음밥 086
쟁반 짜장 094
참치 깻잎 김밥 077
축구공 주먹밥 210
취나물 김밥 078
카레 주먹밥 090
콩가루말이 밥 082
토마토 볶음밥 084
파스타 그라탱 118
팟타이 092

★ 도시락
나물밥 크로켓 도시락 194
달걀 오믈렛과 버섯불고기 도시락 196
당근 리본 야옹이 190
반짝반짝 노란 별 188
붕어 모양밥과
닭고기 채소조림 도시락 200
빨간 코 주먹밥맨 192
오징어 꼬치구이 도시락 198

★ 떡볶이
간장 떡볶이 048
크림소스 떡볶이 111

★ 피자와 샐러드
군만두 샐러드 138

대추 드레싱과 과일 샐러드 136
두부 샐러드 039
두부 피자 124
떡 피자 122
불고기 피자 125
케이준 치킨 샐러드 142
피자 위 샐러드 140

★ 샌드위치
닭가슴살 크랜베리 샌드위치 126
방울토마토잼 샌드위치 128
식빵 롤 샌드위치 130
참치버거 샌드위치 127

★ 튀김
고구마 크로켓 074
과일 춘권튀김 146
깐풍기 030
더덕 찹쌀가루튀김 052
두부 강정 038
두부 햄 커틀릿 032
식빵에 굴린 새우살튀김 057
아이용 라조기 031
양파링튀김 056
오징어링튀김 054
참치 감자볼꼬치 212
채소 풋고추튀김 050
치즈 스틱 213

★ 조림
닭 마늘조림 036
바비큐 폭찹 042

★ 찜
떡 버섯찜 110

★ 쌈
모둠 버섯쌈 080

★ 전, 구이
감자전 106

고구마구이 060
구운 감자와 허브 갈릭 치킨 026
단호박전 103
두부 찹쌀구이 062
떡꼬치 049
떡산적 102
떡을 넣은 꼬치 미트로프 040
바나나 프렌치 토스트 174
삼겹살 미니 꼬치구이 066
쑥전 104
오렌지맛 치킨구이 068
오븐구이 한입 돈가스 131
참마 호두구이 064
참치 두부부침 108
치즈 감자구이 058
탄두리 치킨 028
흰살 생선 카레전 071
흰살 생선구이 070

★ 쿠키
손가락 쿠키 154
초코 크랙 쿠키 156
친구들 선물용 곰돌이 쿠키 215
큐브 쿠키 152

★ 베이킹
베이비 슈 158
요구르트 스콘 160
코코넛 샤브레 162
상투과자 165

★ 디저트
딸기 타르트 168
땅콩 캐러멜 150
과일 퐁뒤 134
녹여 먹는 핫초코 184
브레드 푸딩 170
샐러드 슈 159
찰떡 와플 164

★ 케이크
모양 컵케이크 208
양파 파운드케이크 206
차가운 고구마 케이크 204
귀여운 야옹이 케이크 202

★ 아이스크림, 빙수
도련님 우유 빙수 182
두부 아이스크림 214
석류 흑초 빙수 183
초콜릿 아이스크림 185

★ 음료
고구마 바나나 드링크 179
단호박 식혜 178
단호박 우유 099
딸기 프로즌 요구르트 177
밤 두유 176
오렌지 슬러시 181
파프리카 라씨 180

★ 기타
견과류 누룽지 072
고구마 기장죽 100
구운 닭가슴살을 넣은 서머 롤 044
김치맛 붕어빵 148
시금치 두부 오믈렛 116
엄마가 만든 육포 144
엄마표 치즈 167
치킨 트위스터 034
컵과일과 과일 꼬치 169
콘플레이크 초코 스틱 172
콩나물 채소만두 112
토마토 양갱 166
파인애플 치즈 딥 167

초보 엄마도 쉽게 만드는 아이 요리 레시피 119
매일 먹는 우리 아이 밥상

초판 1쇄 | 2020년 11월 24일

글과 요리 | 이미경

발행인 | 유철상
기획·책임편집·푸드스타일링 | 조경자
사진 | 황승희
편집 | 이정은, 정예슬
본문 디자인 | 최윤정, 유혜영, 주인지, 조연경
마케팅 | 조종삼, 윤소담

펴낸 곳 | 상상출판
주소 | 서울특별시 동대문구 왕산로28길 39, 1층(용두동, 상상출판 빌딩)
구입·내용 문의 | **전화** 02-963-9891 **팩스** 02-963-9892
이메일 | sangsang9892@gmail.com
등록 | 2009년 9월 22일(제305-2010-02호)
찍은 곳 | 다라니
종이 | ㈜월드페이퍼

※ 가격은 뒤표지에 있습니다.

ISBN 979-11-90938-15-0 (13590)

© 2020 이미경

※ 이 책은 상상출판이 저작권자와의 계약에 따라 발행한 것이므로
본사의 서면 허락 없이는 어떠한 형태나 수단으로도 이용하지 못합니다.
※ 잘못된 책은 구입하신 곳에서 바꿔드립니다.
※ 이 도서의 국립중앙도서관 출판예정도서목록(CIP)은 서지정보유통지원시스템 홈페이지(http://seoji.nl.go.kr)와
국가자료종합목록 구축시스템(http://kolis-net.nl.go.kr)에서 이용하실 수 있습니다. (CIP제어번호 : CIP2020047533)
※ 이 책은 〈아이요리〉의 개정판입니다.

www.esangsang.co.kr